財政の健全化と公会計改革

Financial Stability and
Accounting Reform of Japanese Local Government

柴　健次 編著

関西大学出版部

はしがき

本書は、関西大学経済・政治研究所に設置された「財政の健全化と公会計改革研究班」（研究期間平成 28 年 4 月 1 日〜平成 30 年 3 月 31 日（1 期目））における成果である。

我々は、関西経済圏における地方自治体の新地方公会計を通じた財政健全化の研究を目的としている。総務省は統一的な基準による財務書類等を原則として平成 27 年度から平成 29 年度までの 3 年間で全ての地方公共団体において作成し、予算編成等に積極的に活用されることを要請している。過去四半世紀に及ぶ会計改革論議が漸く実現する運びとなった。この間、東京都が独自の会計を導入し、財政の健全化を達成してきた。一方、大阪府及び府下の多数の自治体は財政状況を悪化させてきた。

それゆえにこそ、今の段階において、大阪圏を含む関西経済圏における地方自治体の新地方公会計を通じた財政健全化の研究が待たれるところである。これに応えるため我々はこの研究をする決意をした。すでに関西大学では近隣自治体職員等を招き、喫緊の課題である公会計改革の推進を支援してきた。この際、29 年度中の会計制度の整備を支援するため、経済政治研究所に研究班を設置する必要性を感じた。

当研究班は、主幹である柴健次（大学院会計研究科教授）、研究員として林宏昭（経済学部教授）、馬場英朗（商学部教授）、田村香月子（商学部准教授）と委嘱研究員の松尾貴巳（神戸大学大学院経営学研究科教授の 5 名からなる。専攻は柴が公会計・財務会計、林が財政、馬場が評価、田村が公債、松尾が管理会計が専門で、それぞれの学問領域から財政の健全化と公会計改革というテーマに取り組んできた。本書がその成果の一部である。

研究した結果を実務に生かすには協力自治体が必要である。我々は吹田市の資産経営室と研究協力の協定を結び、以来、吹田市の資産マネジメントとそれ

に役立てる公会計の確立を目指して努力してきた。吹田市の特徴は公会計を管理的側面で利用する点にある。その研究成果の一端も本書に含めている。

　我々研究班は平成 30 年 4 月より第 2 期に入るが、そこでは、財政の健全化に関する会計情報を取り込んだ分析ツールの開発を予定している。吹田市とは財務会計面でも協力関係を築くことになっている。

平成 30 年 3 月

主幹　柴　　　健　次

目　次

第Ⅰ章　我が国における統一的な基準による地方公会計の創設

柴　　　健　次

はじめに

　関西大学政治経済研究所に設置された「財政の健全化と公会計改革研究班」（主幹柴健次、2016 年度から 2017 年度）の研究成果として刊行する本叢書において、筆者は総務省が指導する「統一的な基準による地方公会計」（以下、統一的地方公会計）の創設を批判的に検討したい。

　2018 年 3 月末をもってどの地方自治体も発生主義会計である統一的地方公会計に従って財務書類の作成を行うことになる。2018 年 4 月から統一基準に従った会計を実施する準備ができればよいという含みもある。長年これに向けて努力がされてきたのであるが、ようやく日本も統一的地方公会計が誕生するという段階に到達した。

　しかしながら、地方公会計の内容を法令等で定める国や、会計基準で定める国がある中で、日本の場合には、行政指導により地方公会計の統一化を図ろうとしているところが特徴的である。総務省は統一的地方公会計の「ガイドライン」を公表して統一化の指針を示しているが、ガイドラインそのものは法令でもないし、会計基準でもない。しかしながら、総務省の要請に真正面から反対する地方自治体はない。外国にこれをどう説明するか迷うところである。すなわち、日本の統一的地方公会計は誕生するが、諸外国と比べて制度としての条件を欠いているのである。

すなわち、依然として予算・決算と公会計の関係が整理されていない。具体的には地方自治法など地方政府を根拠づける法令において、統一的地方公会計は正当に位置づけられていない。総務省が公表したガイドラインは会計基準とみなして良いかどうか難しく、一般には、いまだ公会計基準と公監査基準が整備されていないといえる。国際的には IPSAS との関係が重要になるが、日本はこれを採用する見込みがいまのところない。

以上、日本の地方公会計制度が未だ整備途上にあるという理解のもとに、将来のありかたを見据えて検討することを本章の目標とする。

1. 統一的地方公会計の創設までの歴史

(1) 地方公会計の発展の前夜

わが国の統一的地方公会計の起源をどこまでさかのぼるかは論者によって異なるだろう。私は NPM（New Public Management）が盛んになる 1980 年代から考えるのが良いと思う[1]。イギリスなど先進国の一部が財政逼迫の解決を求めた時期に「小さな政府」をめざすリーダーが誕生した（英サッチャー1979 年、米レーガン 1981 年、日本中曽根 1982 年）。やがてそれぞれのリーダーによる改革が始まるが、サッチャー改革は NPM を生み出す。その NPM の推進には会計の力が必須であると、会計改革へとつながる。

イギリスから影響を受けた日本を理解するため 1970 年代からさかのぼるとして、日本と比較するためスペインを取り上げたい[2]。影響を与えるイギリスは常に会計面では先進的であった。そのイギリスでは公共部門の財務管理の専門職団体である CIPFA（Chartered Institute of Public Finance and

---

1） 柴健次（1994）。
2） 両国は常に外国の会計の影響を受けてきた。わが国ではスペインの会計に注目されないが、日本より早く公会計を制度化し、予算過程を複式簿記処理する点で学ぶべき点も多い。Torres, L. y Pina, V.（2009）, 柴健次（2013）。

Accountancy）は、1880 年代に設立されたくらい歴史が古い。スペインは 1975 年にフランコ独裁政権が終わるが、相前後して、アドプションを通じて会計も近代化する。日本は 1949 年の企業会計原則の制定以来、近代会計の発展に努めてきたが 1974 年に一応の完成を見る。

　NPM 前夜のスペインと日本の企業会計はそのような状況であった。スペインは民主化前後から会計改革が始まる。日本とは異なり、スペインでは PGC（Plan General de Contabilidad、直訳すれば「会計の一般プラン」だが、中身は「会計基準」）が創設された。その PGC が基本的に採択（アドプション）アプローチである。一方。日本は、1949 年に採択した米国会計を国内化し終えたのが 1974 年である。そこから 20 世紀末までに日本固有の会計制度（いわゆるトライアングル体制）が現出するのである。

　その後、スペインでは、1973 年の企業会計改革に遅れる事 7 年、1980 年から翌年にかけて、公会計制度が整備される。PGCP（公会計基準）がそれである。以後、スペインでは、会計の国際化に合わせて、企業会計基準が改訂されていくが、それに呼応するように公会計基準も改訂されていく。

　これに対して日本は、20 世紀末まで、トライアングル体制のもと、伝統的な会計（しばしば近代会計）を守り、時には、会計の国際的調和化に批判的ですらあった。しかし、1996 年の日本版金融ビッグバンが転換点となり、国際基準に接近する動きが活発化した（後に会計ビッグバンという）。しかし、このような企業会計の変化と連動することなく、公会計への関心が高まって来る。

図表 1　両国の会計改革の年度

スペイン	公会計基準		1981		1994	2010	
	企業会計基準	1973		1990	2007		2016
	創設				IFRS時代		
日本	公会計基準					2006	2015
	企業会計基準	1949		BIG BANG	2001		

出所：Torres. L. y Pina,V. [2009] p.275 を参考に作成

(2) 統一的地方公会計につながる動き

　わが国の地方公会計の発展を段階的に見て時代区分を設けるというのは恣意的な事である。しかしながら東京都会計管理局が公表した『公会計改革白書』の区分が自然であり、あまり反論を招かないものであるのでそれに準拠しよう。総務省通達によってそれ以前と異なる公会計の要請が出た時点で新時代の始まりとしている。『公会計改革白書』は 2006 年に始まる「総務省の二つのモデル」の時代までの三つの時代を示していた。新しい時代の始まりを告げる総務省通達が 2014 年に出ている[3] ので、2014 年から始まる第 4 の時代を私が加えた。以下、図表 2 は 3 つの時代の引用と第 4 の時代の追加である。

　2015 年 1 月 23 日の総務大臣通達は「統一的な基準による財務書類等を原則として平成 27 年度から平成 29 年度までの 3 年間で全ての地方公共団体において作成し、予算編成等に積極的に活用されるよう特段のご配慮をお願いします。」と要請している。それゆえ、原則として、すべての自治体が統一的な地方公会計で揃うのは 2018 年度からである。

図表 2　日本の地方公会計の 4 つの発展段階

1987 ～ 「FS 作 成 方 法の研究の時代」	1987：地方自治協会（現在の地方自治研究機構） 「地方公共団体のストックの分析手法に関する調査研究報告書」： 　⇒決算統計から収支計算書と貸借対照表を作成 1997：社会経済生産性本部（現在の日本生産性本部） 「決算統計に基づいた企業会計的分析手法研究報告書」 　⇒地方自治協会方式を改良し、収支計算書、貸借対照表、正味財産増減計算書等を作成 1998：社会経済生産性本部 「地方公共団体における連結・結合計算書分析研究報告書」 　⇒連結の収支計算書と貸借対照表を作成
2000 ～ 「総務省方式の時代」	2000　総務省（旧自治省） 「地方公共団体の総合的な財政分析に関する調査研究会報告書」 　⇒決算統計からバランスシート（貸借対照表）を作成

---

3)　総務大臣通達「今後の地方公会計の整備促進について」2014 年 5 月 23 日。

	2001　総務省 「地方公共団体の総合的な財政分析に関する調査研究会報告書「行政コスト計算書と各地方公共団体全体のバランスシート」」 ⇒決算統計から行政コスト計算書を作成 普通会計だけでなく公益企業会計等も含めたバランスシートを作成 2005　総務省 「地方公共団体の連結バランスシート（試案）について」 ⇒地方独立行政法人、第三セクター等を含めたバランスシートを作成
2006 ～ 「総務省 2 つの モデルの時代」	2006　総務省 「新地方公会計制度研究会報告書」 ⇒基準モデル又は総務省方式改訂モデルにより、貸借対照表。行政コスト計算書、資金収支計算書、純資産変動計算書を作成。連結財務諸表も作成。 2007　総務省 「新地方公会計制度実務研究会報告書」
2014 ～ 「総務省統一的 な 地 方 公 会 計 の時代」	2014・15　総務省 「今後の新地方公会計の推進に関する研究会報告書」（2014） 「統一的な基準による地方公会計マニュアル」（2015） ⇒固定資産台帳の整備と複式簿記の導入を前提として財務書類を作成

出所：東京都会計管理局編（2010）『公会計改革白書―複式簿記発生主義会計による自治体経営改革』、13 頁。2014 年度からの第 4 の時代は柴が補筆。

　以上のごとく日本における地方公会計の整備は 1987 年から数えると 30 年の歴史を有するが、2014 年以降急速に統一化の道を歩み始めたばかりであり、実質的には 2018 年度から新時代が始まろうとしている。

(3)　第 3 の時代における多様性

　統一化への動きが始まる直前の 2014 年 3 月調査（2012 年度分調査）における財務書類の作成状況に関する総務省のまとめによると公会計が多様であることが分かる。この調査によると、全自治体 1731 のうち、基準モデルが 273 団体で 15.8%、総務省方式改定モデルが 1420 団体で 82.0%、その他のモデルが 38 団体で 2.2% となっている。

図表3　統一化への通達が出る前の公会計の多様性

(2) 平成 24 年度決算に係る財務書類の作成団体におけるモデル別の作成状況

　平成 24 年度決算に係る財務書類の作成団体におけるモデル別の作成状況については、財務書類作成団体(1,731 団体)の 97.8%にあたる 1,693 団体が新地方公会計モデル(基準モデル又は総務省方式改訂モデル)で作成しており、前年度と比べると 23 団体増加(対前年度比 1.4%増)している。

(単位：団体)

| 区分 | 平成24年度決算 | | | | | 平成23年度決算 | (A)と(B)の比較 |
| | 都道府県 | 市区町村 | 指定都市 | 指定都市を除く市区町村 | 合計(A) | 合計(B) | |
	団体数(構成比)	団体数(構成比)	団体数(構成比)	団体数(構成比)	団体数(構成比)	団体数(構成比)	増減数(増減率)
新地方公会計モデル	44(93.6%)	1,649(97.9%)	20(100%)	1,629(97.9%)	1,693(97.8%)	1,670(97.6%)	23(1.4%)
基準モデル	5(10.6%)	268(15.9%)	5(25.0%)	263(15.8%)	273(15.8%)	254(14.8%)	19(7.5%)
総務省方式改訂モデル	39(83.0%)	1,381(82.0%)	15(75.0%)	1,366(82.1%)	1,420(82.0%)	1,416(82.8%)	4(0.3%)
その他のモデル	3(6.4%)	35(2.1%)	0(－)	35(2.1%)	38(2.2%)	41(2.4%)	△3(△7.3%)
合計	47(100%)	1,684(100%)	20(100%)	1,664(100%)	1,731(100%)	1,711(100%)	20(1.2%)

※「基準モデル」とは、個々の取引等について発生の都度又は期末に一括して発生主義により複式仕訳を行うとともに、固定資産台帳を整備して財務書類を作成するモデル。「総務省方式改訂モデル」とは、公有財産の状況や発生主義による取引情報を、個々の複式仕訳によらず、既存の決算統計情報を活用して作成するモデル。

出所：総務省　http://www.soumu.go.jp/iken/kokaikei/pdf/140606_01.pdf

　その他モデルのうち、東京都は 2006 年度から独自の「新公会計制度」を導入しており、その影響力は大きく、東京都モデルと呼ばれている。また、東京都は「新公会計制度」の情報交換の場として「新公会計制度普及促進連絡会議」を立ち上げた。2017 年 5 月現在、東京都、大阪府、新潟県、愛知県、東京都町田市、大阪市、東京都江戸川区、大阪府吹田市、福島県郡山市、東京都荒川区、東京都福生市、東京都八王子市、東京都中央区、東京都世田谷区、東京都品川区、東京都渋谷区及び東京都板橋区の 17 団体が参加しているという。

　総務省「今後の新地方公会計の推進に関する研究会報告書」(2015 年) は各モデルを以下のように説明している。

　「➤基準モデル：個々の取引等について発生の都度または期末に一括して

発生主義により複式仕訳を行うとともに、固定資産台帳を整備して財務書類を作成するモデルである。一定の地方公共団体において複式仕訳（期末一括変換）の導入が進み、固定資産台帳の整備等を通じて資産更新等の課題を明らかにすることができた点で意義があるものと考えられる。一方、特殊な財源仕訳を行うことによる複雑さやわかりにくさ等は課題として挙げられる。また、発生主義による複式仕訳を実施するための出納データの変換プログラム等が必要であり、一定の経費負担等がある。

➤総務省方式改訂モデル：地方公共団体の事務負担等を考慮して、公有財産の状況や発生主義による取引情報を、個々の複式仕訳によらず、既存の決算統計情報を活用して作成することを許容しているモデルである。総務省が提供しているワークシートを活用して作成が可能であり、事務負担や経費負担等に配慮がなされている。このような簡便な方法での作成を可能としたことにより、多くの地方公共団体で財務書類の作成が進んだと評価できる。一方で、複式仕訳によらない場合には検証可能性が低いほか、固定資産台帳の整備が進んでいない場合には貸借対照表の固定資産計上額に精緻さを欠く等の課題が挙げられる。

➤東京都や大阪府等の方式：発生の都度、複式仕訳を実施する方式であり、官庁会計処理と連動したシステムを導入することで、事務負担の軽減を図っている。また、会計別から事業別まで様々な区分で精度の高い財務諸表を作成することで、マネジメントに活用している例もある。即座に複式仕訳を確認できるため、財務諸表の作成が比較的短期間で済み、より早期の公表が可能である。東京都は平成18年度決算分、大阪府は平成23年度決算分から導入している。一方で、一定のシステムの導入経費負担等がある。」

(4) 統一的な地方公会計の時代へ

　2014年大臣通達は統一的な地方公会計に時代の幕開けを宣言するもので

あった。2012 年度決算の段階で、複式簿記・発生主義による財務書類の作成は、基準モデルと東京都モデル等を合わせて、311 団体 18.0%であった。残りの総務省方式改訂モデルを採用している 1420 団体 82%は、複式簿記と発生主義に基づく会計へ大きくかじ取りを余儀なくされた。もちろん、基準モデルと東京都モデル等を採用している 18%の団体も会計処理の変更を余儀なくされるのであるが、改訂モデルからの変更よりは影響は小さい。

　このように要約されているのであるが、この段階では複式簿記・発生主義の経験を有する自治体は 18%に過ぎない。それにもかかわらず、次のステージでは、全自治体が複式簿記・発生主義に基づく会計を実施するように誘導するのである。第 3 の時代は、決算統計から財務書類を作成する疑似的会計と、複式簿記・発生主義による本格的会計の間に挟まれた過渡期の時代であったと位置づけられる。

　「今後の新地方公会計の推進に関する研究会報告書」では統一的な地方公会計が整備されるべきとの見解は示されているが、その理由は明確にされていない。多様な会計実務が存在している状況なので、標準的あるいは統一的な会計実務へと誘導されるのが望ましいという考えが前提にある。その程度の理由付けなのかもしれない。

　そうした暗黙の前提があるとすれば、その理由は「比較可能性の確保」のためということになる。問題は、なぜ比較可能でなければならないか、だれにとって比較可能性が有益なのか、が明らかにされない点にある。これは統一的な地方公会計が実質的にスタートする 2018 年度においても繰り越される課題である。

2.　統一的な基準による地方公会計の計算構造

(1)　簿記会計以前の問題が簿記会計の問題にすり替えられた特異な現象
　金銭の出納の記録のみが会計に課せられたとき、その会計システムからス

トック情報が得られない、また、フルコスト情報が得られない、という指摘は正しいといえる。求められた会計では元々求められていない情報を生み出せないというのは当然のことである。

　ところが、収入を越える支出を賄うために借入を行うことはありうるかもしれないが、それが長期に及び財政的に苦しくなるとしても、その責任はそういう不健全な財政行動を行ったことにあるのであって、借金の残高というストック情報を明らかにできない会計の責任ではない。そういう情報を提供できる企業会計にあっても債務超過になって倒産する企業はある。すなわち過大な支出行動及びそれを可能にする借入行動は会計システム以前の問題なのである。

　建物を建てる（投資をする）とき、その後の維持・修繕費が認識されないなどという怪しげな議論が横行している。個人で一戸建て住宅を購入した場合、戸建て住宅という個人財産を維持するためには購入後も様々な支出が必要であることは誰もが知っている。さらに借金をして取得した場合には支払金利が上乗せされることも常識である。この常識が役所では通用しないらしい。正確な将来見通しが立たないのは会計のせいであると言わんばかりである。

　物を大切にしなければならないということは当たりまえの事であって、会計が無駄だと警告してくれないから無駄が生じても仕方ないのだとか、借金するといずれ財政は苦しくなると会計が警告してくれないからついつい借金を重ねてしまうのだという意見があるとすれば、会計からすればそれは会計以前の問題だろうと反論したくなる。

　この結果、公会計改革は「現金主義・単式簿記」から「発生主義・複式簿記」に移行する改革なのだと理解されるようになる。この標語に一部の真理もあるが、無責任な表現であるともいえる。会計以前の問題が会計の変更によって解決すると思わせるような印象を与えるからである。

(2)　自由に使われる専門用語

　会計の対象は金銭（現金）又は物品である。金銭（現金）の出納が会計の範

囲であるとき、金銭（現金）の増加または減少という事実を正しく記録しなけ
ればならないのは当然であって、これを金銭主義あるいは現金主義などと命名
する必要すらない。

　また役所の会計が金銭のみならず、物品の出納も記録せよと言われるなら、
同じ用法を使うなら、役所の会計は「現金主義・単式簿記」であり、「預金主
義・単式簿記」であり、「備品主義・単式簿記」であり、「固定資産主義・単式
簿記」といった総体であると説明すべきである。それが煩わしければ単に「単
式簿記」といえば済むことである。

　今例に示したように、単式簿記は現金の記録に留まることなく、ありとあら
ゆる財産の記録にも及ぶ簿記である。それら記録対象の物理的増減を取引とし
て認識して記録する限り○○主義会計は成立しない。

　仮に「現金」の出納のみが記録の対象とされ、官庁会計が「現金主義・単式
簿記」であるという認識が正しいとする場合、コストとしての支出とコストで
はない支出が識別され、コストとしての支出をもって「行政コスト計算書」ま
で作成されていた慣行があるなら、官庁会計は「現金主義・単式簿記」だとい
う主張にも納得できるが、コストの峻別もなされずコストに関する財務表もな
いのであれば、官庁会計は存在しなかったという方がよほど正しいのではない
か。

　次に「発生主義・複式簿記」と単純に組み合わされているが、複式簿記だか
らこそ現金主義とも結びつくということを忘れているように思える。ですか
ら、①複式簿記を前提として、コストを現金主義で認識するか、それとも発生
主義で認識するかという問題と、②現金のみの増減を対象とする単式簿記か、
現金以外に主要な財産（固定資産等）の増減も対象とする単式簿記にするか、
③すべての財産（現金及び現金以外のすべての資産とすべての負債）の「価値
的増減」を対象とする複式簿記とするか、などが検討されたのちに、「発生主
義・複式簿記」という用法が使われているのでなければならない。

　「発生主義・複式簿記」と対をなす用語は「現金主義・複式簿記」であっ

て、「現金主義・単式簿記」ではない。この点が忘れられているように思う。

(3) 財務諸表の構造と簿記の構造

簿記の構成要素は勘定である。1勘定から1財務表が、複数の勘定から2以上の財務諸表が誘導できる。しかし、誘導しないでも財務表を付加することもできる。理論家はすべての勘定とすべての財務諸表が論理的に関連付けられることを望む傾向にあるが、実務家は必ずしも財務表が勘定から誘導されなくてもいいと感じているようだ。

筆者は2017年5月の日本簿記学会関西部会で「複式簿記の終焉」を統一論題に掲げ、パネリストに論じていただいた。その際、コンピューターの内部で純資産勘定を設けなくてもいいのではないか、勘定から誘導する論理が問題なのではなくて財務諸表の見え方が重要なのではないかという意見があった。勘定と財務表の必然的な関係が複式簿記の本質であるという意見は無かった。

となると、勘定から財務諸表が誘導される論理的関係を「計算構造」というのではなくて、財務諸表に掲載される数値がどの勘定から引かれるかが重要でその引き方が「計算構造」と呼ばれるようになる。それゆえ、仕訳の重要性は低くなる。もちろん、仕訳と財務表の関連性を重視する議論も可能である。例えば、企業会計の例だが、資本勘定を3分割して損益計算書を誘導することができるように、現金勘定を3分割して現金変動計算書を作ることも可能なように、その他の資産も負債も分割して財務表を増やすことができる。そうした財務表が財務諸表の一角を占めるか否かはその財務表の利用価値の高さで決まることになろう。

(4) 統一的地方公会計における財務諸表

京都府精華町の「まちの家計簿」によると、第3の時代における4つの財務諸表の関係が簡潔に図示されている。多くの自治体でも同様の図解がされている。統一的な基準による財務4表も基本的にこの図解でカバーできている。

第3の時代、第4の時代を通じて財務4表が一般的になった。ただし、3表でもよい（4表のうち「行政コスト計算書」と「純資産変動計算書」を結合してもよい）。統一的な基準による地方公会計マニュアルでは4表を以下のように説明している。かっこ書きは企業会計の対応する用語とされている。

図表4

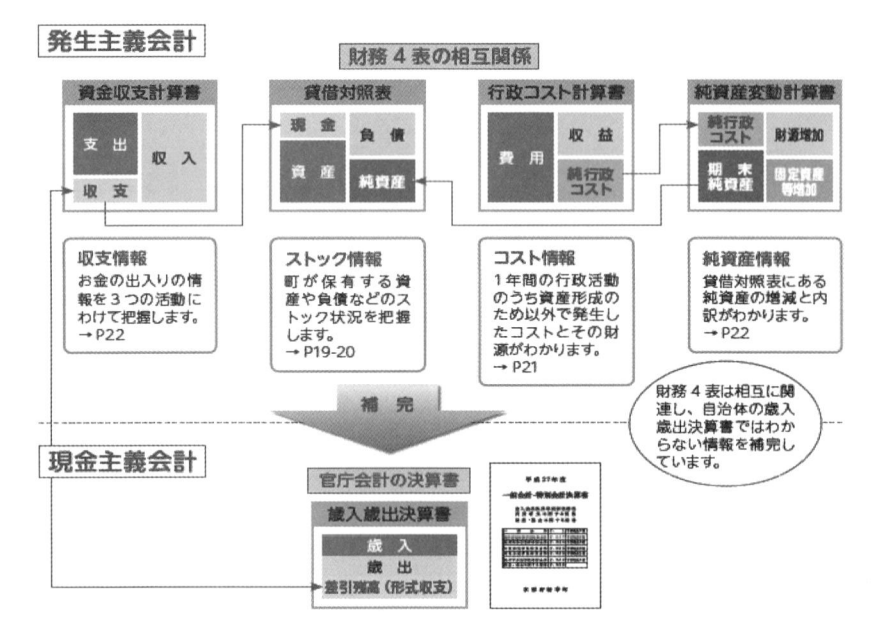

【貸借対照表】（貸借対照表）→略称：BS（Balance Sheet）

・基準日時点における財政状態（資産・負債・純資産の残高及び内訳）を表示したもの

【行政コスト計算書】（損益計算書）→略称：PL（Profit and Loss statement）

・一会計期間中の費用・収益の取引高を表示したもの

→現金収支を伴わない減価償却費等も費用として計上

【純資産変動計算書】（株主資本等変動計算書）→略称：NW（Net Worth statement）

・一会計期間中の純資産（及びその内部構成）の変動を表示したもの

【資金収支計算書】（キャッシュ・フロー計算書）→略称：CF（Cash Flow statement）

・一会計期間中の現金の受払いを3つの区分で表示したもの

統一的地方公会計マニュアルの説明にあるように、財務諸表が企業会計からの類推で説明されているが、理論的には反論が予想される。例えば、行政コスト計算書における収益は行政コストからの控除項目としての意味を明確にするために「コスト控除財源」とした方が良い。貸借対照表の純資産の部の内訳項目を「固定資産等形成分」及び「余剰分（不足分)」に区分して表示することで良いかといった問題がある。

(5) 統一的地方公会計における資産評価

　統一的な基準による地方公会計マニュアル「資産評価及び固定資産台帳整備の手引き」の中から有形固定資産等の評価基準をコピーしておこう（36頁）。

　図表5で確認できるように統一的な地方公会計は取得原価主義であるが、開始貸借対照表に備忘価額1円が含まれることについては異論もありうる。

(6) 公会計システム等の理解の相違

　統一的な基準による地方公会計マニュアルの中では、企業会計で通常理解されている簿記一巡の手続きが示されているが、役所の職員や公認会計士の人々

図表 5

有形固定資産等の評価基準

[　　] 内は取得原価が不明な場合

	開始時		開始後	再評価
	昭和59年度以前取得分	昭和60年度以後取得分		
非償却資産 ※棚卸資産を除く	再調達原価	取得原価 [再調達原価]	取得原価	立木竹のみ 6年に1回程度
道路、河川及び 水路の敷地	備忘価額1円	取得原価 [備忘価額1円]	取得原価	－
償却資産 ※棚卸資産を除く	再調達原価	取得原価 [再調達原価]	取得原価	－
棚卸資産	低価法	低価法	低価法	原則として毎年度

備考1　適正な対価を支払わずに取得したものは原則として再調達原価（ただし、無償で移管を受けた道路、河川及び水路の敷地は原則として備忘価額1円）

備考2　既に固定資産台帳が整備済または整備中であって、基準モデル等に基づいて評価されている資産について、合理的かつ客観的な基準によって評価されたものであれば、引き続き、当該評価額によることを許容（その場合、道路、河川及び水路の敷地については、上表による評価額を注記）

備考3　売却可能資産については、売却可能価額を注記し、当該価額は原則として毎年度再評価

と話をしていて、用語の意味が違うということに気づいた。これが「財務会計システム」と「公会計システム」という言葉である。

　私は役所における財務会計システムが公会計システムであるという前提で話をしていた。しかし、この「財務会計システム」というのは「予算執行のシステム」のことだと教えられた。役所に出入りしているベンダーとの間で予算システムの意味で使っているということらしい。

　つまり、実務ではシステム的な発想で理解されているが、これは予算システムと会計システムを混同していることになり、不思議なことに「財務会計システム」と呼ばれている。このシステムを利用して、伝統的な予算・決算業務が行われている。これを称して、官庁会計システムは「現金主義・単式簿記」だと言っているようである。

　これを前提にして地方公会計を新たに導入しようとするとき、統一的な基準でも東京都方式の新公会計制度でも同じだが、旧の「財務会計システム」（予

図表6　予算システムに追加する新システム

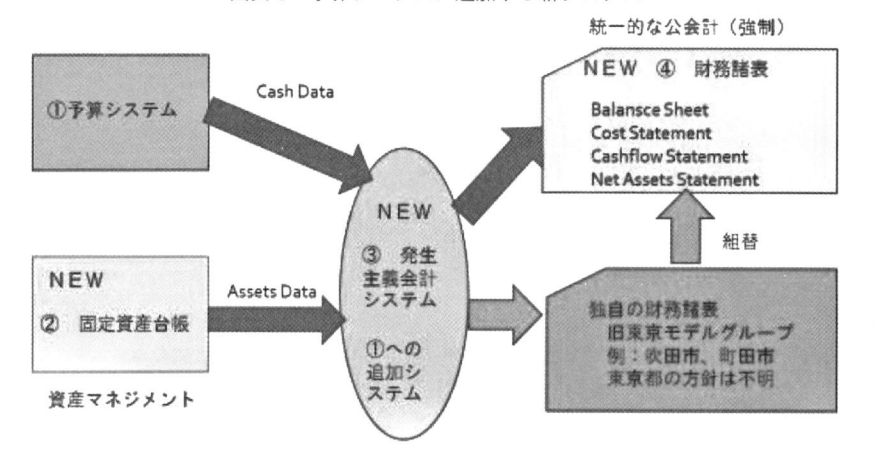

算システム）は温存しておいて、発生主義・複式簿記の公会計情報を生み出せるようにシステムを追加するという。その部分に限定して「公会計システム」というらしい。

　つまり「公会計」という概念では、予算システムや固定資産台帳も全体の部分システムととらえられ、これらを総括して公会計システムと呼べばいいと思うが、システム的に議論するときは、伝統的な「財務会計システム」（予算システム）に変更を加えないで、最終のアウトプットが「公会計」情報を生み出せるように、補完的・追加的な「公会計システム」を必要とするというのである。

　この関係を図解したものが図表6である。以上のようなシステム的発想からの理解は、図表6では、①（予算システム）と、これへの追加システムすなわち②（固定資産台帳という補助簿）と③（複式簿記への変換システム）から④の公会計情報が生み出される。この同じ図表を使うと、伝統的な単式簿記システムである予算システム①と①でカバーされない固定資産台帳システム②（ほかにも必要だが）が複式簿記システム③へのインプットとなって、公会計情報④を生み出すと理解できる。

(7) 独自の会計システムを構築してきた自治体

第3の時代にその他モデルを採用していた自治体は東京都、大阪府、町田市、吹田市などである。第4の時代になり、これらその他モデルを採用していた自治体の対応が気になる。第3の時代の名残りで、吹田市も町田市もそれぞれの独自モデルを吹田モデルや町田モデルと言い慣わしている。吹田市と町田

図表7　統一的な基準と吹田市新公会計制度の違い

区分	統一的な基準	吹田市新公会計制度
作成の単位	一般会計及び公営事業会計以外の特別会計（地方公共団体の財政の健全化に関する法律第2条第1号に規定する「一般会計等」）を「一般会計等財務書類」として作成するため、吹田市新公会計制度の「各会計合算財務諸表」のうち、国民健康保険、下水道、自動車駐車場、介護保険、後期高齢者医療の各事業は含めない。それらは、水道事業と合わせて「全体財務書類」に含む。	一般会計及び吹田市特別会計条例に規定する特別会計それぞれについて作成し、それらを合算したものを「各会計合算財務諸表」として作成（歳入歳出決算の範囲と同じ）
有形固定資産計上基準	取得原価が判明しているものは原則として取得原価とし、取得原価が不明なものは原則として再調達原価。ただし、道路、河川及び水路の敷地については、昭和59年度以前に取得したもの、取得原価が不明なもの、無償で移管を受けたものは原則として備忘価額1円。	原則として取得原価。ただし、交換、受贈等により取得した資産は公正な評価額。
市税収入等の表示区分	純資産変動計算書に「財源」として表示	行政コスト計算書の「経常収支の部」に表示
出資金の減損	実質価額等が資産価額に比べ30％以上低下した場合に実施	実質価額等が資産価額に比べ50％以上低下した場合に実施
公園に係る資産の区分	インフラ資産に区分	事業用資産に区分
負債勘定	投資損失引当金、損失補償等引当金は計上する	投資損失引当金、損失補償等引当金は計上しない
貸借対照表の表示	固定性配列法による	流動性配列法による

出所：(http://www.city.suita.osaka.jp/var/rev0/0141/2996/117328133044.pdf)。

市は総務省に対しては独自モデルからのデータを組み替えて、統一的地方公会計情報とすると決めている。そこで、総務省から見れば、組替後の情報は統一的地方公会計情報なのだから、もはや吹田モデルも町田モデルもない。ここを注意しておく必要がある。東京都と大阪府がどう対応するかは確認がとれていないので、確定的なことは言えないが、もし独自の「新公会計制度」を貫くとすれば（つまり組替をしないとすれば）、独自モデルが残ることになる。

　その一般論から吹田市の例に絞ると、図表6の吹田モデルは、①②③から「独自の財務諸表」を生み出す。しかし、「独自の財務諸表」を組み替えて「統一的な基準による財務諸表」を生み出した場合には、①〜④という通常のモデルになる。つまり吹田モデルは管理会計的な利用にとどまり、財務会計的には統一的モデルになる。民間企業で京セラの内部管理システムを「京セラ会計」と呼ぶことがあるが、京セラは外部的には他の企業と同様に求められる会計基準に従って財務諸表を作成している。誰も、この京セラのことを、内部的に勝手な会計を実施しているので問題であるという指摘をするものはいない。

　さて、その吹田市であるが、図表6の②と③の追加システムに限定して「公会計システム」と呼んでいるわけではない。吹田市は、①も含めて、システム全体を公会計システムと呼んでいる。したがって、「公会計」と「公会計システム」の概念は一致している。

　では、吹田市の「新公会計制度」と「統一的な基準」はどれほどの違いがあるのだろうか。吹田市の会計室が自ら HP で公表している両者の違いを図表7として引用しておくことにする。

　具体的には吹田市はいわゆる吹田モデルにおいて市税収入等は行政コスト計算書の「経常収支の部」に表示しているが、総務省に提出するときには純資産変動計算書に「財源」として表示するように組み替えるという。組替後は統一的な基準に従った財務諸表なので、吹田モデルとは呼ばないというわけである。

(8) 計算構造を確定できるかという問題

　あらゆる財産を会計対象とできるように必要なだけの勘定の存在を前提とし、これを複式簿記にするために純資産勘定を導入し、これによりすべて取引を複記し（仕訳し）、総勘定元帳から誘導することによりすべての財務諸表を作成することを必須としよう。この関係から勘定と仕訳と財務諸表の関係を一意的に特定できたとき、その関係を計算構造というのだろう。

　統一的地方公会計マニュアルは財務4表とそれらに含まれる勘定科目を示している。しかし、なぜそれら4表は必要なのか、それぞれの財務表の目的は何か、勘定と仕訳と財務諸表の一意的で論理的な関係は何かなどは明らかにされておらず、その理解は関係者に委ねられている。

　問題は純資産勘定である。簿記技術的に言えば純資産勘定は貸借差額であってよい。個々バラバラに記録されている諸勘定（それぞれが単式簿記）を有機的に束ねるのが、それぞれの反対勘定（現金勘定に対する貸借反対の現金勘定でミラー勘定と呼ぼう）である。すべてのミラー勘定を一つに結合した勘定が純資産勘定だからである[4]。すなわち、純資産勘定はすべての勘定の相手勘定と位置付けられる。それゆえ個々バラバラだった複数の単式簿記が一つの複式簿記に有機的に結合できるのである。

　この段階で複式簿記を理論的に組み立てると、組織目的に左右されない一般複式簿記ができる。仮に、純資産勘定を分解すれば、反対現金勘定、反対預金勘定、反対建物勘定と結合前の勘定が復活するだけの話である。それでは意味がないので、純資産勘定に下位勘定をおく必要性がないので、純資産勘定だけで良い。この勘定はしたがって資産負債差額を示すのみである。

　この一般的複式簿記に組織目的を与えると目的適合的な特殊簿記に変えることができる。営利を追求する企業簿記の純資産勘定を、利益創出活動が分かるようにするためには、組織目的に適合するように純資産勘定を分解すればよ

---

4)　柴健次（2016）及び柴健次（2005）で簿記理論を展開している。

い。それが資本勘定と収益勘定と費用勘定である。収益勘定合計と費用勘定合計を一表にまとめて経営成績を表示したのちに、その差額を純資産勘定に加減する。営利企業簿記はその組織目的を純資産勘定で表現できるようにした特殊簿記である。

　したがって、この理屈をそのまま政府簿記に持ち込んではならない。最初に検討すべきは政府会計において純資産はどういう意味を有するかを決めなければならない。決めないのであれば資産負債差額と定義し、下位勘定を設けてはならない。政府会計においては、純資産勘定の多寡は組織目的と対応していないからである。

　一方、複式簿記がいったん出来上がってしまうと、勘定の分解技法を使えば、目的適合的に純資産勘定の分解も可能になる。営利企業簿記では元手とその増減の３勘定に分解できた。しかも、元手の増減を損益計算書とすることもできた（純資産勘定に収益費用勘定の区分を設けても良い）。

　このように考えると、純資産勘定の分解方法は論者の数だけ生じうる。たとえば、桜内文城（2004）に描かれるように純資産勘定は「処分・蓄積勘定」であるとされている。それは一つの提案であるから、会計界で議論されるべきものである。

　翻って統一的地方公会計マニュアルを参照すると、純資産勘定は「固定資産形成分」と「余剰分（不足分）」に分解されている。この主張が計算構造と結びつくためには、勘定科目に「固定資産形成勘定」と（たとえば）「繰越剰余勘定」などの設定が不可欠であり、固定資産を取得するつど、この貸方勘定への記入が求められる。そうすると、亀井孝文（2013）が指摘するように固定資産形成取引を１仕訳で仕訳するか、２仕訳で仕訳するかという問題に遭遇する。

　（借方）固定資産　ｘｘｘ／（貸方）現金預金　ｘｘｘ

だけでは、純資産勘定の下位勘定であるである固定資産形成勘定につながらないからである。これを２取引とするとしても、例えば、以下のように仕訳するときの借方勘定を決めなければならない。

（借方）勘定未定　ｘｘｘ／（貸方）固定資産形成　ｘｘｘ

　他方、簿記の手続きに依らないで、固定資産形成勘定を算定している場合には、理論上計算構造が完成していないということになる。

3. 統一的な基準による地方公会計に至る重点移動

(1) 財政のひっ迫と負債への関心

　国際化と国債化の二つの「コクサイ」化と後に呼ばれる変化が生じたのが1960年代後半である。1964に開催された東京オリンピックは日本が国際社会で再デビューを果たした象徴であった。一方、翌年度は、前年度のオリンピック景気の反動による大不況にあって戦後初めて国債を発行した年であった。米澤（2015）によると、図9で傾斜がきつい、1970年代後半、バブル崩壊後（1990以後）、最近の2010年代が指摘されている。この3時期は単年度の国債発行額を連ねるとちょうど山を形成している時期である。また1975年には赤字国債も発行され（一時期を除いて）今日まで発行が続いている。しかも2004年以降赤字国債残高が建設国債残高を上回っている。

　こうした国債残高の増加とそれにともなう財政が大方の関心を呼び、先進諸外国と同様に1980年代に「小さな政府」を目指す政権の誕生につながる。国及び地方の公会計についても、当初は負債の残高を把握したいということから、バランスシートに関心が寄せられるのである。近年では、福岡県赤池町（現在の福智町）が1992年度に財政再建団体となり、2001年度に再建が完了している。また、北海道夕張市が2006年夏、財政危機が表面化し、財政赤字が巨額に上ることから自主再建は困難であるとして、財政再建準用団体の申請を行い、財政再建団体となった。夕張市の経験を忘れることもないと思われるが、負債残高を減らすという議論が継続していないのは不思議である。

　一方、それにも関わらず、わが国でもNPM（新公共経営）に関心が寄せられていった。NPMでは経済性、有効性、効率性の3指標を参照しながら行財

図表 8　国債残高の累増

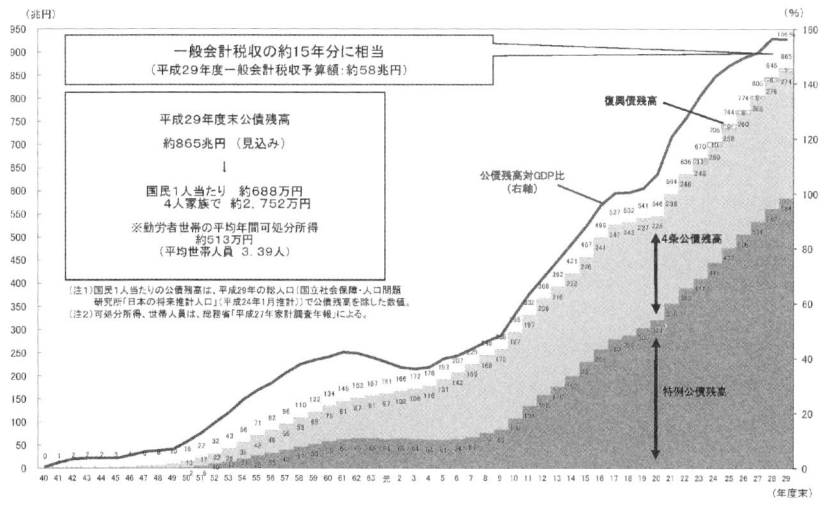

財務省（https://www.mof.go.jp/tax_policy/summary/condition/004.htm）

政の運営を図るものと理解されているが、これらの概念が普通に使われるまでに相当の年数を必要とした。

1980 年代後半から 2000 年代半ばまでは、地方公会計は、スットクを表示できるバランスシートの作成に関心を寄せていたが、2006 年以降、いわゆる財務 4 表へと関心が拡大してきた。他方、NPM に関わる 3 つの E は必ずしも財務 4 表と関連して論じられてきたわけではなく、行財政の結果を評価し・監査するという視点から論じられてきた。

(2) 人口減少と資産への関心

地方公会計が第 3 の時代に入り、ストックとフローの双方の情報を生み出そうとする努力がなされていた。そうした中で、先進的な自治体が 3E 的観点を重視し始めてきた。2010 年に三角町、不知火町、松橋町、小川町、豊野町の 5 町が合併して宇城市となった直後から、市は公共施設の適正配置を考えてい

た。その事例が総務省（2016）で紹介されている。

　「セグメント分析による図書館の統廃合

　宇城市では、合併に伴い、同じ役割の建物が旧町ごとに存在しており、公共施設等

が少子高齢化や市民ニーズの多様化、合併による生活圏の変化に合致した規模・配

置ではなくなってきていることが課題となっていた。また、このような状況は、更

新又は大規模修繕が必要な施設に計画的かつ適切な保全管理を行うことを困難とし

ていた。

　そこで、財務書類を活用して施設別のセグメント分析を行い、施設の統廃合を行っ

た。具体的には、図書館について、財務書類を基に作成した「施設白書」のデータ

を使い、一日当たりの貸出冊数、貸出一冊当たりのコストをグラフ化し、4つのグ

ループに分け、各図書館の評価分析を行った。そのうち、一日当たり貸出冊数が少

なく、貸出一冊当たりのコストが高いグループについて、耐震性や地理的要素も考

慮し、施設の統廃合について検討を行った。その結果、耐震性の低いC図書館につ

いて解体撤去を行うとともに、市街地中心部から離れていたE図書館については、

中心部にある市役所支所に分館として移転することで利用者を拡大させ、元E図書

館については狭隘化が進んでいた併設する郷土資料館の拡張に利用することとなっ

た。

　財務書類等から得られるコストに関する情報を基にして、さらに、施設の機能や

立地の要素についても検討することにより、適切に公共施設マネジメントを行うこ

とが可能となったものである。」

　こうした中、2014年の総務大臣通達「公共施設等の総合的かつ計画的な管

理の推進について」において、公共施設等総合管理計画の策定が求められた。

2017年3月31日現在、98.1％の自治体が公共施設等総合管理計画を策定して

いる。

　14年の大臣通達は、地方公会計の大きな流れが変わったような書き出しと

なっている。

　「我が国においては、公共施設等の老朽化対策が大きな課題となっております。地方公共団体においては、厳しい財政状況が続く中で、今後、人口減少等により公共施設等の利用需要が変化していくことが予想されることを踏まえ、早急に公共施設等の全体の状況を把握し、長期的な視点をもって、更新・統廃合・長寿命化などを計画的に行うことにより、財政負担を軽減・平準化するとともに、公共施設等の最適な配置を実現することが必要となっています。また、このように公共施設等を総合的かつ計画的に管理することは、地域社会の実情にあった将来のまちづくりを進める上で不可欠であるとともに、昨今推進されている国土強靱化（ナショナル・レジリエンス）にも資するものです。

　国においては、「経済財政運営と改革の基本方針〜脱デフレ・経済　再生〜」（平成 25 年 6 月 14 日閣議決定）における「インフラの老朽化が急速に進展する中、「新しく造ること」から「賢く使うこと」への重点化が課題である。」との認識のもと、平成 25 年 11 月には、「インフラ長寿命化基本計画」が策定されたところです。各地方公共団体においては、こうした国の動きと歩調をあわせ、　速やかに公共施設等の総合的かつ計画的な管理を推進するための計画（公共施設等総合管理計画）の策定に取り組まれるよう特段のご配慮をお願いします。」

　図表 9 にみられるように日本の人口は 2011 年から減少を始めている。しかも先進諸国では経験したことのない急激な減少であり、2060 年には 8674 万人と現在人口の 70％になるとの予想である。予測では、高齢化率が 2015 年の 26.8％から 60 年の 39.9％に上昇する。他方、20 〜 64 歳人口が 15 年の 56.0％から 60 年の 47.3％へと下降する。高齢者人口を 20 〜 64 歳人口で除すると、15 年の 0.48 から 60 年の 0.84 へ上昇する。この人口予測が多少ずれるとしても、税収が減少することと、社会福祉費が上昇することは容易に分かる。地方政府が債務を発行する余裕がなく、財政規模を縮小して均衡を図るしかないと

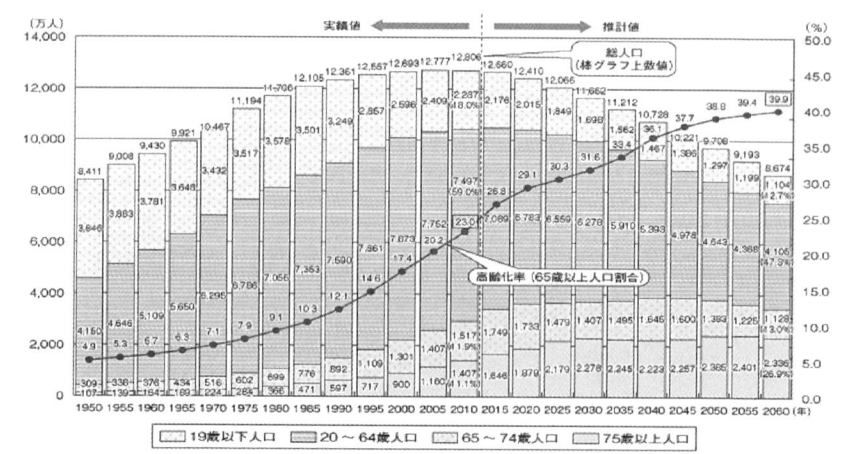

資料：2010年までは総務省「国勢調査」、2015年以降は国立社会保障・人口問題研究所「日本の将来推計人口（平成24年1月推計）」の出生中位・死亡中位仮定による推計結果
（注）1950年～2010年の総数は年齢不詳を含む

内閣府高齢社会白書 2012（http://www8.cao.go.jp/kourei/whitepaper/w-2012/zenbun/s1_1_1_02.html）

いう課題に直面することになる。

　以上のように、1990 年代から 2000 年代頃は、諸外国同様に財政赤字（財政逼迫）の会計対応という感じが支配的であった。そこでは公会計の焦点は「負債」であった。しかし、2010 年代に入ると 10 年代末をピークとする人口減少が大きな問題となってきた。ここでは、縮小均衡が求められるなかで「資産」に焦点がシフトしてきた。

4.　地方政府による自発的ディスクロージャーの動き

(1)　総務省（2010）が示す「公表」

　第 3 の時代に公表された総務省（2010）は「公表」という用語を用いている。これを見ると、求められる公表の位置づけが分かる。

　・公表情報の利用者は住民をはじめとする広範囲の利用者が想定されるた

め、何よりも「理解可能性」が求められる。

・公表の対象は財務書類が想定されている。

・住民向けにはわかりやすい公表として用語の解説も含めた「要約財務諸
　対」が望ましい一方、幅広い利用者に対しては包括年次財務報告書（ア
　ニュアルレポートが望ましいとされている。

・公表の方法は多様な媒体を駆使して行うのが望ましい。

　以上のような目安を実例（宇城市、荒川区、茅ケ崎市など）とともに示して
いるが、公表を法定するものではない。現在法定されているものは以下のとお
りである。

・地方自治法 233 条による歳入歳出決算

【地方自治法】

（決算）

　第二百三十三条　会計管理者は、毎会計年度、政令の定めるところにより、決算
を調製し、出納の閉鎖後三箇月以内に、証書類その他政令で定める書類とあわせ
て、普通地方公共団体の長に提出しなければならない。

2　普通地方公共団体の長は、決算及び前項の書類を監査委員の審査に付さなけれ
ばならない。

3　普通地方公共団体の長は、前項の規定により監査委員の審査に付した決算を監
査委員の意見を付けて次の通常予算を議する会議までに議会の認定に付さなければ
ならない。

4　前項の規定による意見の決定は、監査委員の合議によるものとする。

5　普通地方公共団体の長は、第三項の規定により決算を議会の認定に付するに当
たっては、当該決算に係る会計年度における主要な施策の成果を説明する書類その
他政令で定める書類を併せて提出しなければならない。

6　普通地方公共団体の長は、第三項の規定により議会の認定に付した決算の要領
を住民に公表しなければならない。

・財政健全化法3条3項、22条3項による健全化判断比率及び資金不足比率並びにそれらの算定の基礎となる事項を記載した書類

【財政健全化法】

（健全化判断比率の公表等）

第三条　地方公共団体の長は、毎年度、前年度の決算の提出を受けた後、速やかに、実質赤字比率、連結実質赤字比率、実質公債費比率及び将来負担比率（以下「健全化判断比率」という。）並びにその算定の基礎となる事項を記載した書類を監査委員の審査に付し、その意見を付けて当該健全化判断比率を議会に報告し、かつ、当該健全化判断比率を公表しなければならない。

2　前項の規定による意見の決定は、監査委員の合議によるものとする。

3　地方公共団体の長は、第一項の規定により公表した健全化判断比率を、速やかに、都道府県及び地方自治法第二百五十二条の十九第一項の指定都市（以下「指定都市」という。）の長にあっては総務大臣に、指定都市を除く市町村（第二十九条を除き、以下「市町村」という。）及び特別区の長にあっては都道府県知事に報告しなければならない。この場合において、当該報告を受けた都道府県知事は、速やかに、当該健全化判断比率を総務大臣に報告しなければならない。

4　都道府県知事は、毎年度、前項前段の規定による報告を取りまとめ、その概要を公表するものとする。

5　総務大臣は、毎年度、第三項の規定による報告を取りまとめ、その概要を公表するものとする。

6　地方公共団体は、健全化判断比率の算定の基礎となる事項を記載した書類をその事務所に備えて置かなければならない。

7　包括外部監査対象団体（地方自治法第二百五十二条の三十六第一項に規定する包括外部監査対象団体をいう。以下同じ。）においては、包括外部監査人（同法第二百五十二条の二十九に規定する包括外部監査人をいう。以下同じ。）は、同法第二百五十二条の三十七第一項の規定による監査のため必要があると認めるとき

は、第一項の規定により公表された健全化判断比率及びその算定の基礎となる事項を記載した書類について調査することができる。

（資金不足比率の公表等）

第二十二条　公営企業を経営する地方公共団体の長は、毎年度、当該公営企業の前年度の決算の提出を受けた後、速やかに、資金不足比率及びその算定の基礎となる事項を記載した書類を監査委員の審査に付し、その意見を付けて当該資金不足比率を議会に報告し、かつ、当該資金不足比率を公表しなければならない。

2　前項に規定する「資金不足比率」とは、公営企業ごとに、政令で定めるところにより算定した当該年度の前年度の資金の不足額を政令で定めるところにより算定した当該年度の前年度の事業の規模で除して得た数値をいう。

3　第三条第二項から第七項までの規定は、資金不足比率について準用する。

　また、上記を踏まえ、公表の時期は 9 月議会の終了までとすることが望ましいとされている。

(2)　総務省（2016）が紹介する先進的活用事例

　第 4 の時代における総務省（2016）は、以下のように述べる。

「1 活用事例について

「統一的な基準」による財務書類が作成されることにより、

①　発生主義・複式簿記が導入され、事業別、施設別の行政コスト計算書を作成してセグメント分析を実施することが可能となること

②　固定資産台帳が整備され、公共施設マネジメントへの活用が可能となること

③　客観性・比較可能性が確保されること

等の観点から、財務書類等の地方公共団体マネジメント及びガバナンスのツールとしての機能が向上することとなる。こうしたことから、これまでのように単に財務

書類等を作成するだけでなく、予算編成や行政評価等に積極的に活用していくことが期待されるものである。」

総務省（2010）が財務書類の公表を求めたのに対して、総務省（2015）は財務書類を予算編成や行政評価等に活用することも期待している。

　そこで取り上げられた3つの事例は以下のとおりである。

　▲愛媛県伊予郡砥部町の活用事例

　・予算要求特別枠による中長期的なコストの削減

　　　予算編成過程における公会計情報の活用事例

　・広報誌、バランスシート探検隊等による広報活動財務情報の公表を親しみやすい関連行事と組み合わせた事例

　　　バランスシート探検隊

　　　「SIM2030in とべ」

　▲京都府相楽郡精華町の活用事例

　・適切な資産管理のための基金の創設

　　　公共施設マネジメントに備えた実効性のある予算編成の事例

　　　　公共施設等総合管理基金の創設

　　　　通常予算枠とは別枠で設ける「予算要求特別枠」

　・台帳の管理体制の強化

　　　財務書類作成に当たっての仕訳と固定資産台帳への登録を連携

　▲熊本県宇城市の活用事例

　・セグメント分析による図書館の統廃合

　　　財務書類を活用した施設別セグメント分析に基づく施設の統廃合

　・予算編成のための行政コストの比較

　　　予算科目の款・項・目の下に担当係別で施設別等に、さらに区分された事業単位を設定

　・日々仕訳の自動化による業務の効率化

　　財務会計システムから出力される歳入歳出のデータが資金仕訳変換

　　表に則して全て自動で仕訳のデータに変換される仕組みを構築

以上の３つの事例はディスクロージャーの先進事例ではないが、これらをわか
りやすく公表すると財務書類の理解も高まると思う。

(3) 早稲田大学の「パブリック・ディスクロージャー表彰制度」

　総務省（2010）で公表への期待が述べられ、総務省（2016）で財務書類の公
表以外の活用事例が紹介された。しかしながら、こうした情報開示は、法定開
示事項ではないため、本格的なディスクロージャーへの十分な関心が高まって
いない。

　早稲田大学パブリックサービス研究所（以下、PSRI）は 2016 年度で７回目
となる「パブリック・ディスクロージャー表彰」（委員長神野直彦）を 2017 年
8 月に実施した。PSRI の前所長は次のように説明している。

> 　「パブリック・ディスクロージャー表彰は、今年７回目を迎えることができまし
> た。この制度は、地方自治体として財政情報を積極的かつ適切に開示しようと取り
> 組んでいる団体を表彰することにより、財政情報のより優れた開示に対する自治体
> の意欲を喚起するとともに、これをもって財政情報の開示のあり方の参考モデルを
> 蓄積し、地方自治体における財政情報の開示と活用に役立てることを目的としてい
> ます。総務省より公表された統一的な基準による地方公会計マニュアル（平成 27 年
> 1 月 23 日）「財務書類等活用の手引き」や「地方公会計の活用のあり方に関する研究
> 会報告書」（平成 28 年 10 月）において事例が紹介されているような公会計の先進自
> 治体が、継続的に参加をされており、徐々にではありますが、その目的も達成され
> つつあります。」
>
> http://www.waseda.jp/prj-psri/gp/index.html

　PSRI の「パブリック・ディスクロージャー表彰制度」においては、ディス

クロージャー誌を3部門に分けて表彰している。アニュアル・レポート部門、ポピュラー・レポート部門、マネジメント・レポート部門の3部門である。アニュアル・レポートは包括年次財務報告書を指す。ポピュラー・レポートは住民向けの簡易版報告書（広報誌）を指す。マネジメント・レポートは自治体内部向けの詳細な事業別報告書などを指す。

　なお、審査項目は以下のとおりである。

1	自治体のプロフィール、取り巻く環境等	情報の網羅性
2	自治体の財政状況及び運営状況に関する要点の説明、重要な事項の分析、それらに基づく取り組むべき課題等の説明	目的適合性
3	貸借対照表などの財務4表を中心とする財務情報	情報の網羅性
4	行政運営に関する中長期的な趨勢	情報の網羅性
5	理解可能性（わかりやすさ）	理解可能性
6	図表、ビジュアル等を含めた全体のデザイン	ビジュアル・デザイン性
7	情報開示に対する取組・姿勢	開示姿勢
8	その他独自性・先進性のある工夫と実践	独自性

　それぞれのディスクロージャー誌をここに掲載するスペースはないので、各々の自治体のHP等から閲覧していただきたい。ここでは、3部門で優秀賞に輝いた自治体のディスクロージャー誌（審査対象）と公表をPSRIのHPから引用しておく。

▲アニュアル・レポート部門
①グッド・パブリック・ディスクロージャー賞：荒川区
「平成27年度荒川区の取組と財政状況　荒川区包括年次財務報告書」
【総評】
　例年、行政分野別に区民サービス指標を設けて目標管理している点をはじめ行財政運営における情報をバランスよく開示・説明している。開示内

容についての完成度は高いため、より多くの住民に読んでもらうため、今後は、ビジュアル・デザイン性を高めると同時に、区政の方針と開示データの関連性を明示することにより、利用者の理解可能性を高めることが期待される。

②グッド・プラクティス賞：浜松市

「平成28年度浜松市の財政のすがた」「平成28年度浜松市の資産のすがた」「平成28年度IR資料」

【総評】

　「浜松市の財政のすがた」は、政令指定都市らしい完成度の高い充実した内容となっている。また、常により良い開示のあり方を考え、毎年度改善を加えている点が、大変評価できる。いずれの開示物も「読み手にとっての理解可能性」に配慮された内容となっているが、将来的には、これらの資料を一体化すれば利便性が高まるものと思われる。

③ほかに、北上市（北上市の財政状態）がCertificate of Good Effortを受賞している。

▲ポピュラー・レポート部門

①グッド・パブリック・ディスクロージャー賞：精華町

「平成28年度まちの羅針盤・平成27年度まちの家計簿」

【総評】

　例年、幅広い財政情報を制約された紙面の中で、コンパクトに取りまとめており、全戸配布を目的とした開示物としては、完成度は高い。限られたページ数にしてこれだけの情報をうまく盛り込めるという見本のような開示物である。

②ほかに、戸田市（なるほど！わかった！戸田市の財政（平成27年度）と習志野市（わかりやすい習志野市の財務　平成28年度版がともにCertificate of Good Effortを受賞している。

▲マネジメント・レポート部門

②グッド・プラクティス賞：町田市

「平成 27 年度（2015 年度）町田市課別・事業別行政評価シート」「平成 27 年度（2015 年度）町田市の財務諸表」「平成 27 年度（2015 年度）町田市課別・事業別行政評価シートダイジェスト」

【総評】

　公会計情報を市政運営に生かそうとする姿勢が見られる。また、これだけ詳細な情報を次年度の 8 月に開示するスピードは高く評価でき、予算編成への活用等マネジメント・レポートとしての機能が期待される。住民の理解可能性を促進するという意味では、補完的に作成された「ダイジェスト」や「見方」は有効である。今後は、事業の内容により、様式の統一性に拘らず、作成の負荷にも配慮して、必要な情報を取捨選択し、より有用性の高い情報にすることによりさらに良いものになる。

PSRI の上記表彰制度への参加自治体は限定されているが、続けて参加されている自治体のディスクロージャー誌は年々充実していている様子が見て取れる。表彰制度の運営サイドの一員として筆者は、この表彰制度へ多数の自治体が参加されんことを願っている。

(4) 早稲田大学の「自治体版 MD&A」

　早稲田大学 PSRI における公会計改革推進研究会（座長神野直彦、研究部会長柴健次）は、2016 年度の作業として、参加自治体に対し「自治体版MD&A」の作成を求めた。当初は企業の MD&A や米国自治体の MD&A を参考にやや統一感を持たせようとしたが、作成途中で自治体の特徴が出て、結局は 3 種のタイプの MD&A が完成した。あとで目次を示しておく。

　試作「自治体版 MD&A」は独立したディスクロージャー誌ではなくて、アニュアル・レポート等他の媒体とセットで読まれることを想定している。また、首長が住民等の利用者に自ら語りかけるスタイルを採っている。試作版

なので自治体の HP で公開されていないが、研究材料として PSRI からダウンロードできるので、利用されたい。http://www.waseda.jp/prj-psri/activity/index.html

▲北上市の「北上市行政経営の総合案内」（試案）全 27 頁

1　北上市の行政経営

2　北上市の概要

3　北上市の産業構造

4　北上市の総合計画

5　まち・ひと・しごと創生総合戦略

6　予算（平成 27 年度）

7　決算（平成 27 年度）

8　新地方公会計制度（総務省方式改訂モデル）による財務書類

9　施策評価

10　財務上のリスク要因と分析

▲浜松市の「浜松市行政経営の成果と課題」（試案）全 16 頁

はじめに（浜松市長）

1　市の事業と環境の概要

2　目標と戦略に関する情報

3　財務諸表の分析（主要項目の変動と要因）

4　今後の市政運営上の留意点

▲精華町の「精華町平成 27 年度行政経営の要約」（試案）全 11 頁

はじめに　精華町長

1　平成 27 年度決算状況

2　発生主義に基づく財務書類

3　第 5 次総合計画の施策体系別決算状況

4　総合計画施策体系における主な指標の達成状況

　5　一般会計歳出決算額の性質別詳細

　6　一般会計歳入決算額の内訳詳細

　7　主要財務指標による分析

　8　財務上のリスク分析

以上、試作「自治体版 MD&A」の多様性が目につく。北上市の場合には「行政経営の総合案内」となっているが、複雑な行政経営をよくコンパクトにまとめてある。HP を見れば何でも見ることができるようでも、思い通りに必要な情報にたどり着けない経験もあろう。そこで、この「総合案内」が HP に掲載され、文章中のキーワードのリンクによって利便性を高めることができる。

　浜松市の場合、「行政経営の成果と課題」とあり、自治体版 MD&A としての価値が高いという評価もあった。浜松市が「パブリック・ディスクロージャー表彰」においても「政令指定都市らしい完成度の高い充実した内容となっている」と評価されているように、作成の姿勢が評価されている。しかし、反面、この MD&A がどの情報誌と結合されるのか一層の工夫がいるようである。

　精華町の場合、全戸配布のディスクロージャー誌（「まちの羅針盤」、「まちの家計簿」）と趣を異にし、必要なデータ類をコンパクトにまとめている点に特徴がある。例えば、この MD&A を全戸配布の情報誌とセットにすれば、わかりやすさを追求した情報と、必要最小限の専門的情報が相互に影響しあって、読み手の理解を深めることになろう。

　以上すべての試作において、財政情報並びに公会計情報がコンパクトに説明されている特徴が見受けられるが、従来のディスクロージャーではあまり見かけない「リスク情報」が掲載されるという特徴もある。

　北上市では人口減少リスクと景気変動リスクを掲げている。浜松市も人口減少・少子高齢化にとどまらず、都市機能の充実・拡散、産業構造の偏り、資産の維持更新投資、自然災害などリスク要因を掲げるほか、その他、今後の財務

書類に影響を及ぼす可能性をもつ要因を示すなど幅広くリスク要因を捉えているのが特徴的である。そして精華町では、債務償還額の動向、公共資産の老朽化（隠れた債務）、税を支える人口推移、と財務リスクを掲げている。

(5) 関西大学の「ディスクロージャー・サミット」

　関西大学経済・政治研究所に設置された「財政の健全化と公会計改革研究班」（主幹柴健次）は、広く利害関係者の前で情報公開を実施する「ディスクロージャー・サミット」を企画した。2017 年 3 月には第 1 回サミットを開催し、吹田市が住民等を前に吹田市の取り組みを説明した。

　吹田市は、第 3 の時代には独自方式（東京都方式に準ずる会計方式）を採用していたこと、第 4 の時代に移行後は、庁内的には吹田方式を堅持しつつも、対外的には、吹田方式による数値を組み替えて「統一的な基準による財務書類」を作成すること、公共資産マネジメントと公会計を融合すること、そしてそのために庁内の組織を変更したことなどを公表し、フロアから多数の質問を受けた。

　早稲田大学のパブリック・ディスクロージャー表彰制度も自治体版 MD&A もともに、住民等に向かい合って直に話しかけるものではない。その点、サミットはそういう訓練を積む場となりえる。第 2 回は精華町による報告があり、その後もこのサミットに自治体からの参加希望が出ることを期待している。

5.　地方政府による資産マネジメントの動き

(1) 固定資産台帳の整備

　総務省（2015）は統一的地方公会計マニュアルに含まれる「資産評価及び固定資産台帳整備の手引き」で固定資産台帳の整備を求めている。「各地方公共団体では、「地方自治法」（昭和 22 年法律第 67 号）に規定する公有財産を管理

するための公有財産台帳や個別法に基づく道路台帳等の各種台帳を備えること」となっているが、「資産価値に係る情報の把握が前提とされていない」ため、統一的地方公会計に資する情報を提供できていない。またこれら帳簿をすべて合わせたとしてもすべての固定資産が記録されているわけではない。このように従来も地方政府は公有資産等の台帳を有していたが、会計的には取得原価情報を欠くなど会計帳簿とはみなせなかった。このため、総務省の求めにより固定資産台帳の整備が求められたのである。

固定資産台帳は財務4表を作成するための簿記システムから見れば補助簿に相当する。しかしながら、すべての固定資産を網羅している固定資産台帳は公共施設マネジメントの観点から見れば「主要簿」なのである。つまり、この固定資産台帳を行政経営の中核に据え、全資産を常に視野にいれた行政経営が生まれてくるのである。

総務省（2015）は、同時に、人口減少社会を念頭に置き、公共資産の将来計画の策定を要求した。これにより、日本の地方政府は資産マネジメントを重要課題として取り組むことになった。この領域においても、自治体の対応が分かれる。すなわち、固定資産台帳が要となり、行政経営からする資産マネジメントと、行政経営を映し出す地方公会計が融合されるのである。このような姿勢の自治体がある一方で、行政経営と、固定資産台帳と、公会計が必ずしも連携しない自治体もある。

(2) 組織改編を伴う資産マネジメント

関西大学の経済・政治研究所に設置された我々の研究班（「財政の健全化と公会計改革研究班」）は、吹田市との間で共同研究に関する協定を締結した。この協定によるアクション・リサーチ研究の内容は、松尾貴巳研究員が本書Ⅲ章で詳細に紹介しているので、ここでは重複を避ける。

ただ、本章の流れにおいて指摘しておくべきことがある。それは地方公会計の第3時代に独自方式を貫き、第4時代に同方式を維持しつつ統一的基準によ

り組み替えた財務書類を提出するとしている吹田市が、公会計を管理会計的な視点から利用し、固定資産台帳を要とし、行財政を運営している、ということである。しかしこのように要約するだけでは足りない。吹田市は全庁的な資産管理を貫徹するために、広範な権限を有する行政経営部資産経営室を設けるなど、組織改編を行っているのである。

　同市HPによると資産経営室の所管は「公有財産の総括事務、公有財産の利活用並びに市有建築物の保全及び整備に係る施策の企画・調整及び推進、公有財産に係る情報の管理、普通財産の管理及び処分、部落有財産の管理及び処分、用地（再開発事業、区画整理事業及び改良事業を除く。）の取得、土地開発基金、登記、市有建築物の建築等及びその設備に係る設計及び施行、小・中学校の建築及び設備の営繕等」と広範である。

結びにかえて

　我が国の地方公会計の発展を、東京都の公会計白書を参考にして、4つに時代に区分した。その第4の時代は実際には2018年度から本格化する。しかしながら、スペインとの比較でも指摘したように、我が国の地方公会計はようやく「制度化」されたに過ぎない。しかしながら、総務省の統一的地方公会計マニュアルがそのままでいいのか、これを参考にしつつ「地方公会計基準」を作成すべきか、これらの展開との関連で「地方公監査」をどうすべきか、まだ解決すべき課題が山積している。

　統一的地方公会計が今後生み出す公会計情報については、所期の期待通り統一的な基準で作成された情報であるので、比較される必要がある。個々の自治体が他団体と比較するというレベルを超えて、全自治体からの情報を分析する研究がまたれる。その研究は、従来の決算データによる分析との比較も求められる。

　つぎに地方公会計情報と従来の財政情報を用いて、自治体からのディスク

ロージャーの在り方を研究する必要がある。会計情報にしろ、財政情報にしろ、行財政の計画と結果を説明するデータであるので、どのように開示すればわかりやすいのかを自治体が試み、その試みを研究する必要がある。ディスクロージャー本来の課題である、誰が、誰に対して、何を、どのように開示するかを検討する必要がある。

最後に、統一的地方公会計を広く理解してもらうには、端的には固定資産の減価償却を理解させる教育が必要である。資産評価や複式簿記法の理論的な説明は後回しにしてもそうすべきである。

参考資料

以下は総務省の「地方公会計の整備」における「地方公会計に関する資料」（2017 年 9月 9 日現在）の記載事項である、そのままで我が国地方公会計の歴史を振り返ることができるし、参考文献としても有益である。

地方公会計に関する資料	
◆ 平成 29 年 8 月 18 日	統一的な基準による地方公会計マニュアルに掲載の Q&A の追加（PDF）
◆ 平成 29 年 8 月 18 日	統一的な基準による一般会計等財務書類及び連結財務書類における注記例（PDF）
◆ 平成 28 年 10 月 21 日	地方公会計の活用のあり方に関する研究会報告書
◆ 平成 27 年 1 月 23 日	統一的な基準による地方公会計の整備促進について（総務大臣通知）
◆ 平成 27 年 1 月 23 日	統一的な基準による地方公会計マニュアル
◆ 平成 26 年 5 月 23 日	今後の地方公会計の整備促進について（総務大臣通知）
◆ 平成 26 年 4 月 30 日	今後の新地方公会計の推進に関する研究会報告書
◆ 平成 26 年 4 月 30 日	今後の地方公会計の整備推進について（自治財政局長通知）（PDF）
◆ 平成 25 年 8 月 30 日	今後の新地方公会計の推進に関する研究会中間とりまとめ
◆ 平成 23 年 12 月 28 日	新地方公会計モデルにおける連結財務書類作成実務手引（改訂版）
◆ 平成 22 年 3 月 12 日	地方公共団体における財務書類の活用及び公表について（PDF）
◆ 平成 22 年 3 月	「地方公共団体財務書類作成にかかる基準モデル」及び「地方公共団体財務書類作成にかかる総務省方式改訂モデル」に関する Q&A（平成 23 年 3 月改訂）（PDF）

◆ 平成 22 年 3 月 12 日　　総務省方式改訂モデル向け作業用ワークシート記載要領改
　　　　　　　　　　　　　　訂版（PDF）
◆ 平成 21 年 1 月 6 日　　　新地方公会計モデルにおける資産評価実務手引
◆ 平成 19 年 10 月～　　　　公会計に関するブロック説明会
◆ 平成 19 年 10 月 17 日　　新地方公会計制度実務研究会報告書
◆ 平成 19 年 10 月 17 日　　「公会計の整備推進について」（自治財政局長通知）（PDF）
◆ 平成 19 年 10 月 17 日　　「公会計に関するブロック説明会及び公会計の整備スケ
　　　　　　　　　　　　　　ジュールについて」（事務連絡）（PDF）
◆ 平成 18 年 5 月 18 日　　　新地方公会計制度研究会報告書（PDF）
◆ 平成 13 年 3 月 30 日　　　地方公共団体の総合的な財政分析に関する調査研究会報告
　　　　　　　　　　　　　　書（概要）「行政コスト計算書」と「各地方公共団体全体の
　　　　　　　　　　　　　　バランスシート」
◆ 平成 12 年 3 月 29 日　　　地方公共団体の総合的な財政分析に関する調査研究会報告
　　　　　　　　　　　　　　書

参考文献

小林麻理（2002）『政府管理会計　政府マネジメントへの挑戦』敬文堂。

桜内文城（2004）『公会計　－　国家の意思決定とガバナンス』NTT 出版。

柴健次（1994）「イギリスの政府の市場化と監査社会」『会計検査研究』第 10 号。

柴健次（2000a）「わが国における地方自治体の貸借対照表導入問題」『関西大学経済政治
　　研究所　研究双書　第 119 冊』所収。

柴健次（2000b）「非営利簿記と営利簿記に関する一考察」『公会計研究』第 2 巻第 1 号。

柴健次（2001）「政府会計における改革の論点－イギリスの資源会計・予算とベスト・バ
　　リューに学ぶこと」『会計』第 160 巻第 4 号。

柴健次（2002）『市場化の会計学　－市場経済における制度設計の諸相』中央経済社。

柴健次（2003）「イギリスの資源会計・予算制度と財政改革」日本公認会計士協会『JICPA
　　ジャーナル』。

柴健次（2005）「公会計における正味財産勘定に関する簿記的考察」『横浜経営研究』第 26
　　巻第 1 号、横浜国立大学。

柴健次（2013）「公会計に関する国際比較研究のための覚書—スペインの公会計の概要」
　　『現在ディスクロージャー』第 13 号、日本ディスクロージャー研究学会。

柴健次（2016）「複式簿記の導入教育における一試論」『商学論究』第 63 巻第 3 号。

総務省（2010）「地方公共団体における財務書類の活用と公表について」

総務省（2014a）「今後の新地方公会計の推進に関する研究会報告書」

総務省（2014b）「公共施設等の総合的かつ計画的な管理の推進について」

総務省（2015）「統一的な基準による地方公会計マニュアル」

総務省（2016）「地方公会計の活用のあり方に関する研究会報告書」

東京都会計管理局編（2010）『公会計白書　複式簿記・発生主義会計による自治体経営改革』。

松尾貴巳（2009）『自治体の業績管理システム』中央経済社。

米澤潤一（2015）「前後70周年・国債発行50周年　二つのコクサイ化を振り返って」『Urban Study』Vol. 60。

McSweeny, B. (1994), "Management by Accounting", in *Accounting as Social and Institutional Practice* edited by Anthony Hopwood and Peter Miller, Cambridge University Press.

Torres, L. y Pina.,V., 2009., *"Manual de Contabilidad Pública Adaptad al Plan de cuentas de la Administración local" (incluye casos prácticos)* 6ª edición, Centro de Estudios Financieros, Madrid.

第Ⅱ章　地方財政と財政健全化

林　　宏　昭

はじめに

　財政は、公共財の供給、所得再分配、経済安定という基本的な役割を果たすことが求められる。財政支出は、その裏付けとなる収入が必要であり、日本は昭和30年代まで均衡予算が維持されていた。昭和40（1965）年に戦後はじめて赤字国債が発行されるが、この時は一旦償還も終える。しかし、昭和48（1973）年の第1次オイルショック以降、景気対策としての大規模な減税が実施されたこともあり財政は悪化する。

　本章では、地方財政を中心として財政状況の推移や決算状況を概観し、プライマリーバランス、地方団体の財政健全化といった財政状況の悪化を巡る制度と論点について解説する。

1. 財政の役割と日本の財政の状況

　今日の政府による財政活動には、①「公共財の供給」②「所得再分配」③「経済安定」という3つの役割が期待されている。政府は、これらの役割を果たすために必要な支出を算出し、必要な財源を調達しなければならない。

　民間の経済においては、企業は資本や労働力といった生産要素をその市場で購入して財・サービスを生産する。一方、家計は生産要素の対価として利子や

賃金等の所得で財・サービスを購入して消費する。これを示したのが図1である。

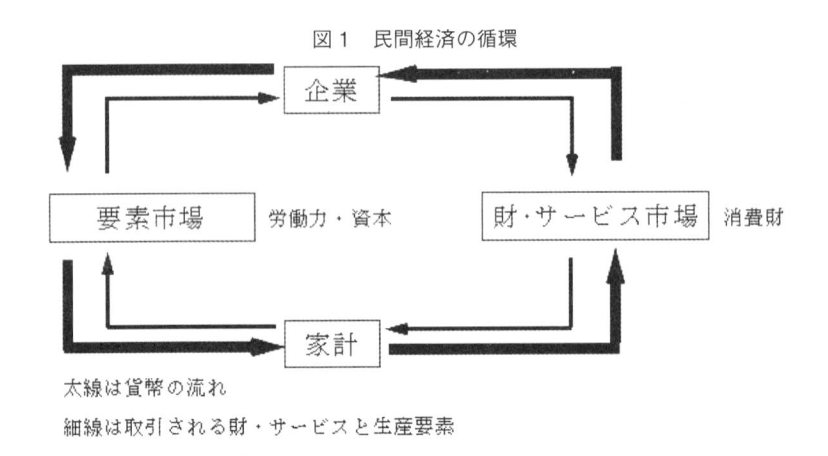

図1　民間経済の循環

政府は、図2のように公共部間の役割を果たすために必要なものを生産要素市場と、財・サービス市場から購入する。たとえば公務員は労働力市場で、都市公園の整備に必要な遊具は財市場で調達することになる。政府から民間へは、財・サービスに限らず、直接現金が支給されるケースもある。そして、そのために必要な財源を企業および家計から税として徴収する。

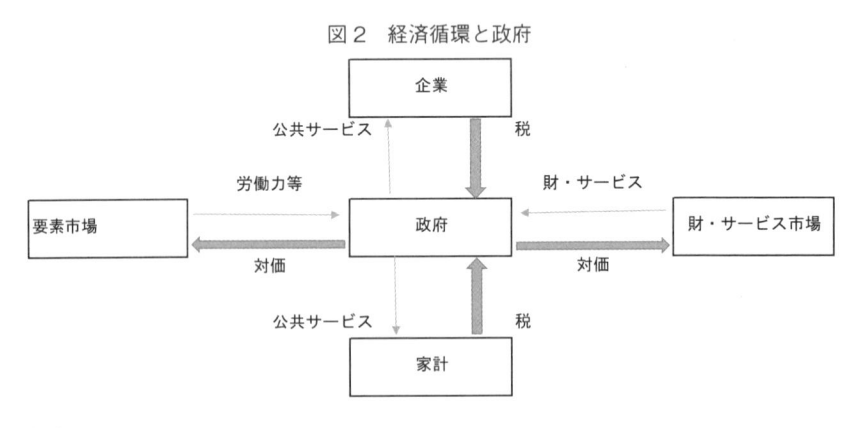

図2　経済循環と政府

表1　財政支出の推移（国と地方の純計）

単位：億円

区　分	国内総生産	歳出総額		国から地方に対する支出	地方から国に対する支出	歳出純計額			国内総生産に対する割合（％）
		国	地方						
	(A)	(B)	(C)	(D)	(E)	(F)	(G)	(H)	(H)／(A)
平成17年度	5,258,139	934,347	906,973	322,145	12,731	612,202	894,242	1,506,444	11.6
18	5,292,550	909,468	892,106	310,705	12,749	598,763	879,357	1,478,120	11.3
19	5,310,134	879,327	891,476	265,771	12,657	613,556	878,820	1,492,376	11.6
20	5,093,984	902,859	896,915	283,130	11,854	619,729	885,061	1,504,790	12.2
21	4,920,751	1,056,981	961,064	344,179	12,836	712,801	948,228	1,661,030	14.5
22	4,991,948	1,001,107	947,750	339,511	8,507	661,596	939,243	1,600,839	13.3
23	4,938,531	1,058,330	970,026	373,166	7,698	685,164	962,329	1,647,492	13.9
24	4,946,744	1,044,969	964,186	362,159	9,308	682,810	954,877	1,637,687	13.8
25	5,074,011	1,058,980	974,120	367,916	7,676	691,064	966,444	1,657,508	13.6
26	5,178,666	1,060,355	985,228	360,051	7,054	700,304	978,174	1,678,478	13.5
27	5,321,914	1,061,292	984,052	354,709	7,220	706,583	976,833	1,683,415	13.3

（注）1　国内総支出は、「国民経済計算（08SNA）」による。
　　　2　国の歳出額は、平成27年度については、一般会計と交付税及び譲与税配付金特別会計、エネルギー対策特別会計、年金特別会計（子どものための金銭の給付勘定のみ）、食料安定供給特別会計（国営土地改良事業勘定のみ）、自動車安全特別会計（空港整備勘定のみ）、東日本大震災復興特別会計の6特別会計との純計決算額であり、平成26年度以前においても、一般会計とこれらの特別会計に相当する特別会計がある場合には、それらの特別会計との純計決算額である。
　　　3　「国から地方に対する支出」は、地方交付税（地方分与税、地方財政平衡交付金、臨時地方特例交付金及び特別事業債償還交付金等を含む。）、地方特例交付金等、地方譲与税及び国庫支出金（交通安全対策特別交付金、国有提供施設等所在市町村助成交付金及び地方債のうち特定資金公共投資事業債を含む。）の合計額であり、地方の歳入決算額によっている。
　　　4　「地方から国に対する支出」は、地方財政法第17条の2の規定による地方公共団体の負担金（地方の歳出決算額中、国直轄事業負担金に係る国への現金納付額及び国に対する交付公債の元利償還額の合計額）である。
資料）『地方財政白書』（平成29年度）。

表1は、日本の財政支出の規模の推移を示したものである。国については一般会計、地方（都道府県と市町村の合計）については、公営企業等の特別会計を除いた普通会計の歳出額を用いている。国と全ての地方団体は予算と決算

表2　税収（国税・地方税）の推移

（単位：億円）

年度	国税	地方税	計
平成 17	522,905	348,044	870,949
18	541,109	365,062	906,231
19	526,558	402,668	929,226
20	485,309	395,585	853,894
21	402.433 (395.693)	351.830 (358.234)	754.262 (753.928)
22	437.074 (422.875)	343.163 (357.323)	780.237 (780.198)
23	451.754 (436.194)	341.714 (357.142)	793.468 (79.336)
24	470.492 (453.794)	344.608 (361.317)	815.100 (815.111)
25	512.274 (492.264)	353.743 (373.545)	866.017 (865.809)
26	578.492 (554.547)	367.855 (391.733)	946.346 (946.280)
27	599.694 (578.888)	390.986 (412.012)	990.680 (990.900)
28 実績見込み	593.159 (575.594)	391.802 (409.459)	984.961 (985.053)
29 見込み	614.240 (594.215)	398.989 (418.876)	1.013.229 (1.013.091)

備考）国税欄の（　）内は、国税から地方法人特別税を控除した場合の金額であり、地方税の（　）内は、地方税に地方法人特別譲与税を加算した場合の金額である。

資料）総務省『地方税に関する参考計数資料集』（平成 29 年度）。

を策定する。国と地方団体の間には資金のやりとりがあり、その金額はそれぞれの歳出と歳入に計上されるため、単純な合計では二重計算が発生する。そこで、このやり取りを調整して純計ベースで算出すると、平成 27 年度では 168 兆円となる。国と地方の間の資金移転は、地方交付税や国庫支出金を中心とする国から地方に対するものが大半で、平成 27 年度には 35 兆円を上回っている。日本では、平成の時代に入ってから、財政支出は拡大し、国は平成 12 年度（89.3 兆円）、地方は平成 11 年度（101.6 兆円）、そして純計額は同じ平成 11 年度（160.9 兆円）にピークに達する。その後、平成 13 年度以降は、国、地方を通じて抑制的な財政運営が展開され、対前年度比でマイナスが続き、平成 18 年度には、純計額が 148 兆円、対 GDP 比も 27.9％まで低下する。

平成 20 年には、世界中に影響を及ぼしたリーマンショックが起き、また自民党から民主党への政権シフトもあり、平成 21 年度の財政支出は 166 兆円に拡大する。その後はほぼ横ばいで、上記のように平成 27 年度では 168 兆円、対 GDP 比は 31.6％となった。

表 2 は、財政支出の財源となる税収の推移を国税と地方税に分けて示したものである。日本の税収は、バブル期の平成 3 年度に 98 兆円とピークに達するが、その後の経済停滞によって減少し、平成 21 年度には 75 兆円にまで落ち込んでいる。その後の持ち直しの中で、平成 27 年度には 99 兆円まで上昇しており、平成 29 年度予算では 100 兆円を超える見込みとなっている。

2.　バブル期以降の地方財政

昭和から平成にかけてのバブル期には、特に土地や株式の譲渡益をはじめとする資産性の所得の増加によって所得税収が拡大し、また所得増を背景とする経済の好調から、法人税や平成元年度に導入された消費税の税収も増加した。

日本の財政は、昭和 50 年代から財政赤字が続き、いわゆる赤字国債に依存した運営が続いていたが、平成 2（1990）年度には国の赤字国債発行がゼロに

なるというように財政面でも好調な時期を迎える。しかしながら、バブル経済は平成3年をピークに崩壊し、税収も急激に減少する。そのため、再び公債依存の財政運営へ移行していくが、それに拍車をかけたのがこの時期に次々と実施された景気対策としての公共事業や所得税減税である。

　図3は、バブル期の平成2年度以降の地方財政全体の歳出規模の推移を示したものである。経済全体の中での動きを見るために、平成2年度の値を100として、GDP、地方税収とともにその推移が示されている。平成12（2000）年までを通じて、税収減が生じる中で歳出規模が拡大していることがわかる。地方財政の歳出がピークに達するのかこの平成12年度で、その後は横ばいもしくはゆるやかに減少する。

　地方財政の規模に大きなインパクトを与えたのが小泉政権下で展開された"三位一体改革"である。この改革は地方全体の主な歳入である地方税、地方

図3　地方財政規模の推移

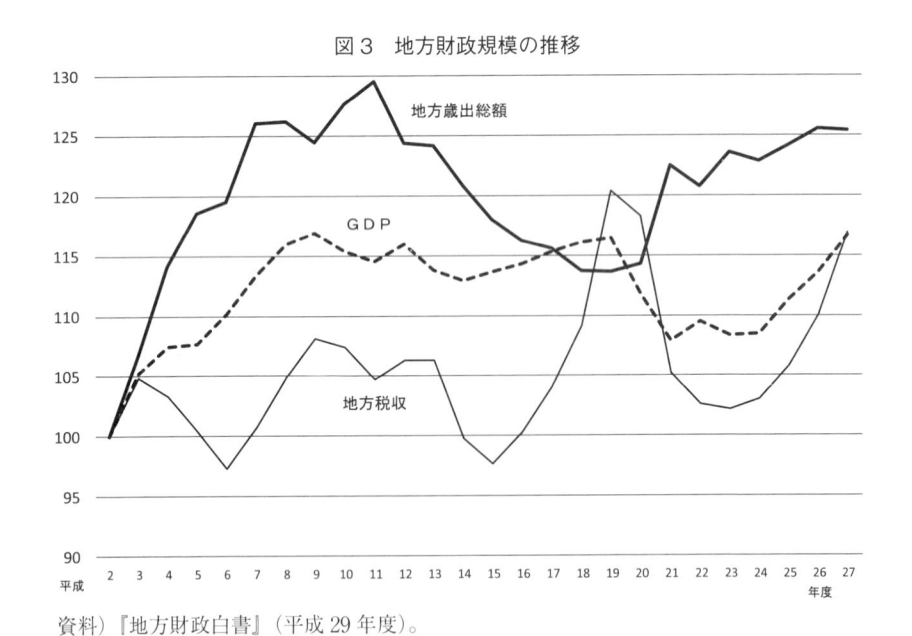

資料）『地方財政白書』（平成29年度）。

交付税、国庫支出金（補助金）を総合的に見直そうとする改革で、地方分権の推進と財政健全化の両方を目指そうとした。具体的には、使途の限定された国からの補助金を減らして、国税から地方税への財源移譲を行う。また、地方交付税に関しては、総額の抑制を行うものであった。

　図4は総務省が示している三位一体改革の全体像である。国庫支出金については、国が国債を発行して実施してきた公共事業費に充当される地方への補助金は税源移譲の対象とされず、経常的な補助金のみが対象となった。そのため計画では、4.7兆円の国庫支出金の削減と3兆円の税源移譲（所得税から住民税）の組み合わせとなり、地方交付税の総額抑制も求められた。

　税源移譲の対象となった国庫支出金の削減は、義務教育の教員給与に対する国庫負担金の補助率2分の1から3分の1への引下げが中心となったため、地方団体側での事業実地の自由度が高まったわけではなかった。これに地方交付

図4　三位一体改革の全体像

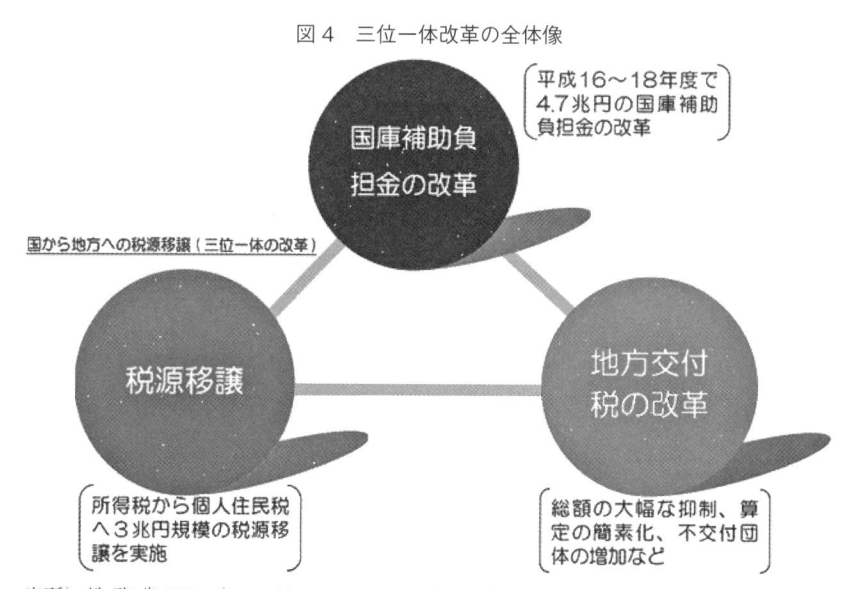

出所）総務省HP。（http://www.soumu.go.jp/main_sosiki/jichi_zeisei/czaisei/czaisei_seido/zeigenijou2_1.html）

税の抑制も加わったこともあり、三位一体改革全体に対しては、地方の側からは強い不満が残る結果となった。

3. 地方財政の仕組み

　地方財政とは47都道府県と約1,800の市町村の財政の総称である。公共部門である各地方団体はそれぞれの役割を果たすべく、歳出に見合う財源調達を行う。もちろん、地方団体の運営上は、歳入と歳出の予算を同時に決定する予算を編成することになる。この地方財政の歳入と歳出の構造を簡単な図で示したのが図5である。この図で全体は各地方団体が展開する財政全体の規模を示している。

図5　地方団体の事業と財源

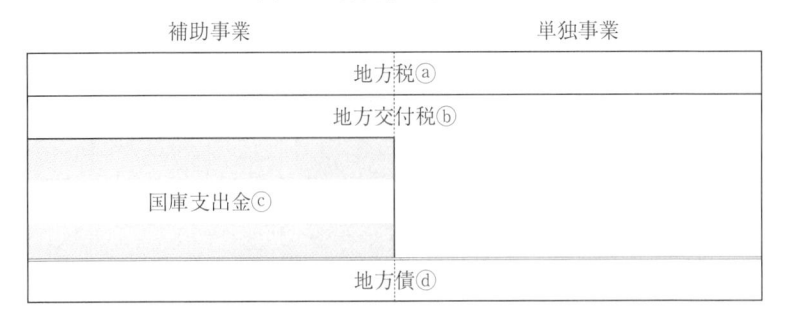

　地方団体が展開している事業は大きく国からの補助金である国庫支出金（市町村の場合は都道府県支出金が加わる）の交付事業と、自らの自主財源のみで実施する単独事業とに分けられる。財源は、先述の三位一体改革の対象とされた地方税、国庫支出金、地方交付税に加えて、地方の借入れである地方債が充てられる。このうち地方債が補助事業、単独事業それぞれの個別の事業ごとに発行されるものである。

　補助事業は事業費の一定割合が国庫支出金として交付され、その事業の規模は補助金算出のための、必要な事業量として決定される。地方団体は、補助事

業のうち国庫支出金ⓒを除いた額と単独事業に要する費用を自ら調達しなければならない。図では、ⓐ＋ⓑに相当する。

　日本の地方税制は、国の法律である地方税法によって、基本的な枠組みは全国画一的な制度になっている。税の枠組みとは課税ベースと税率のことであり、この両者が決まっていれば税収は課税ベースが各地方団体にどれだけ存在するかによって決まる。そして、課税ベースの大きさは各地域の経済力を反映する。従ってⓐ＋ⓑを地域の税収のみで調達することが可能かどうかは地域の社会的経済的環境に依存する。そこで、地方税のみで賄うことができない地方団体については、その不足分を地方交付税で賄うことになる。

　ここで、単独事業の規模である。上記のように補助事業の大きさは国庫支出金の算定によって決まるが、単独事業は地方団体が自ら決定する。ただしそうすると、地方税が不足しても、単独事業を拡大してⓐ＋ⓑを大きくすると不足分が地方交付税によって補填されることになってしまい、地方交付税の必要額には際限がなくなる。そこで、地方交付税の算定に当たっては、「標準的な行政」を行うことを前提として各地方団体の事業規模が算出される。

　具体的には、補助金事業については事業規模から国庫支出金を除いた額、単独事業については事業項目ごとに、次式で算出される。

　単位費用×測定単位

　たとえば、ある単独事業について人口10万人に対して1人の職員測定単位が必要で、1人あたりの人件費が500万円（単位費用）であれば、人口50万人の地方団体にとって標準的な行政運営に必要な経費は500万円×5で2,500万円と算定される。補助事業の補助金以外の部分とこのように計算した標準的な単独事業の所要経費の合計を基準財政需要額と言う。

　一方、地方税は、標準的な税率で課税した場合の税収となる。ただし、ⓐの大きさにすべての地方税収を充てると、地方交付税の交付を受ける地方団体は、国が定めた標準的な行政運営のみが可能になるということになる。また、

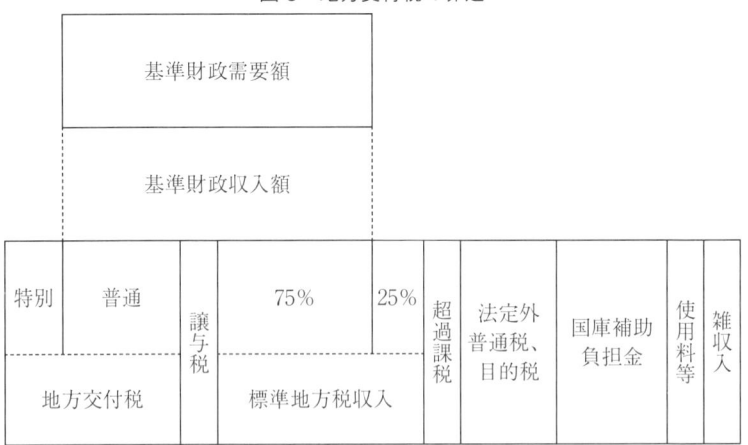

図 6　地方交付税の算定

基準財政需要額										
基準財政収入額										
特別	普通	譲与税	75%	25%	超過課税	法定外普通税、目的税	国庫補助負担金	使用料等	雑収入
地方交付税			標準地方税収入						

出所）林・橋本『地方財政入門』p.138。

自主財源である地方税が 100 増加した時に地方交付税が 100 減少するのであれ
ば、地方団体は税収増加に向けた努力はしなくなる。

　そこで、地方交付税の算出に用いられる地方税収は、地方税等の財源の
75%（算入率）と設定されている。これらの地方の収入を基準財政収入額と言
い、地方交付税は［基準財政需要額 – 基準財政収入額］で算出される。これを
図示したのが図 6 である。

　日本の地方財政を考慮するさい、重要な意味を持つのは国との間の財政関係
である。表 1 で見たように国と地方の間の資金のやり取りを調整した歳出額で
は地方が 6 割を占めるのに対して、表 2 で示された税収は地方税が 4 割と、歳
入と歳出の地方の割合が逆転している[1]。これは、主として国から地方への資

---

1 ）　地方分権の観点からは、地方の税収の割合を高める必要があるとの主張も見られる。
　　ただし、各地方団体における地方税収入の割合は様々であり、地方財政全体で見た地方
　　税の拡大が与える効果には大きな開きがある。また、国際的な比較を行えば税に占める
　　地方税の割合は日本は低いわけではなく、この地方税割合の上昇が必ずしも分権化と直
　　接結びつくことはない。

図7 国と地方の財政関係

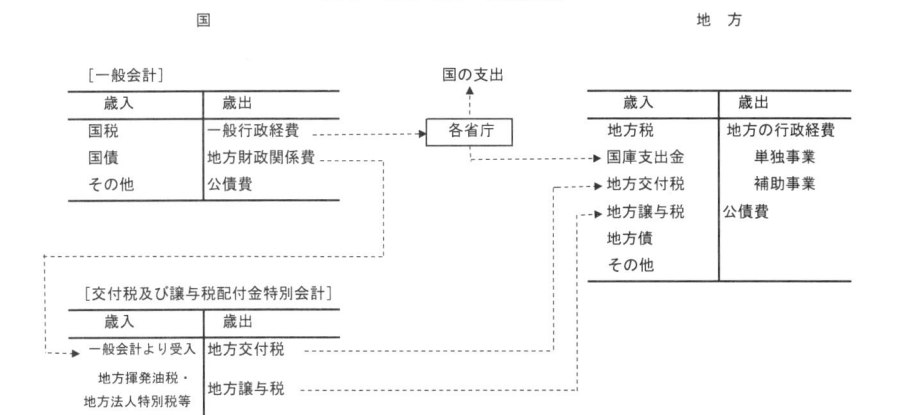

金移転が行われるためであり、近年は総額で 30 兆円以上の規模に達する。図7 は、国から地方への資金の流れを示したものである。国の予算としては、地方財政関係費として計上されるものが、地方交付税として地方団体に交付される。

　この地方交付税は、国の一般会計から所得税や法人税などの一定割合が交付税及び譲与税交付金特別会計に繰り入れられ、各地方団体の財源不足額に応じて配分される。この特別会計には、地方譲与税の財源として定められた地方揮発油税や地方法人特別税が直接繰り入れられる。これらは一定の基準にしたがって地方に配分される。なお、地方交付税が財政力に応じて配分されるために交付を受けない地方団体も存在するのに対して、地方譲与税は基本的に全ての地方団体に配分される。

　地方交付税と地方譲与税が地方にとっては使途の限定されない一般財源であるのに対して、使途を限定した特定財源として地方団体に分配されるのが国庫支出金である。これは、各省庁の政策経費として支出されるもので、個別の行政サービスや建設事業に充当され、義務教育教員の人件費（都道府県）や生活保護経費（都市と都道府県）などがこれにあたる。

表 3 平成 29 年度地方財政計画（通常収支分）

歳入区分	金額億円	構成比(%)	歳出区分	金額億円	構成比(%)
地方税	390,663	45.1	給与関係経費	203,209	23.5
地方譲与税	25,364	2.9	給与費(退職手当を除く)	186,629	21.5
地方揮発油譲与税	2,560	0.3	義務教育職員	56,553	6.5
石油ガス譲与税	83	0.0	警察関係職員	23,463	2.7
自動車重量譲与税	2,560	0.3	消防職員	12,224	1.4
航空機燃料譲与税	149	0.0	一般職員及び義務制以外の教員並びに特別職等	94,389	10.9
特別とん譲与税	125	0.0	退職手当	16,472	1.9
地方法人特別譲与税	19,887	2.3	恩給費	108	0.0
地方特例交付金	1,328	0.2	一般行政経費	365,590	42.2
地方交付税	163,298	18.8	国庫補助負担金等を伴うもの	197,809	22.8
国庫支出金	135,386	15.6	生活保護費	38,922	4.5
義務教育職員給与費負担金	15,248	1.8	児童保護費	6,161	0.7
その他普通補助負担金等	91,194	10.5	障害者自立支援給付費	25,891	3.0
生活扶助費等負担金	14,521	1.7	後期高齢者医療給付費	25,288	2.9
医療扶助費等負担金	13,966	1.6	介護給付費	26,661	3.1
介護扶助費等負担金	706	0.1	児童手当等交付金	20,094	2.3
児童保護費等負担金	1,240	0.1	子どものための教育・保育給付費負担金	15,759	1.8
障害者自立支援給付費等負担金	12,946	1.5	その他の一般行政経費	39,033	4.5
児童手当等交付金	14,007	1.6	国庫補助負担金等を伴わないもの	140,213	16.2
公立高等学校授業料不徴収交付金及び高等学校等就学支援金交付金	3,578	0.4	国民健康保険・後期高齢者医療制度関係事業	15,068	1.7
子どものための教育・保育給付費負担金	7,879	0.9	まちづくり・しごと創生事業費	10,000	1.2
その他の補助負担金等	22,351	2.6	重点課題対応分	2,500	0.3
公共事業費補助負担金	26,373	3.0	地域経済基盤強化・雇用等対策費	1,950	0.2
普通建設事業費補助負担金	26,072	3.0	公債費	125,902	14.5
災害復旧事業費補助負担金	301	0.0	維持補修費	12,621	1.5
国有提供施設等所在市町村助成交付金	283	0.0	投資的経費	113,570	13.1
施設等所在市町村調整交付金	72	0.0	直轄事業負担金	5,590	0.6
交通安全対策特別交付金	621	0.1	公共事業費	51,683	6.0
電源立地地域対策等交付金	1,196	0.1	普通建設事業費	51,278	5.9
特定防衛施設周辺整備調整交付金	344	0.0	災害復旧事業費	405	0.0
石油貯蔵施設立地対策等交付金	55	0.0	一般事業費	27,726	3.2
地方債	91,907	10.6	普通建設事業費	27,356	3.2
使用料及び手数料	16,184	1.9	災害復旧事業費	370	0.0
雑収入	42,370	4.9	特別事業費	28,571	3.3
復旧・復興事業一般財源充当分	△ 77	-	過疎対策事業費	10,766	1.2
全国防災事業一般財源充当分	△ 225	-	地域活性化事業費	820	0.1
			旧合併特例事業費	6,602	0.8
			防災対策事業費	948	0.1
			施設整備事業費（一般財源分）	935	0.1
			緊急防災・減災事業費	5,000	0.6
			公共施設等適正管理推進事業費	3,500	0.4
			公営企業繰出金	25,256	2.9
			収益勘定繰出金	11,694	1.4
			資本勘定繰出金	13,562	1.6
			地方交付税の不交付団体における平均水準を超える必要経費	18,100	2.1
歳入合計	866,198	100.0	歳出合計	866,198	100.0

資料）『地方財政白書』（平成 29 年度）。

　地方財政関係費と各省庁の国庫支出金は国の一般会計予算に計上されるものであり、その大枠を決定する時には、地方全体の財政の姿を決めなければならない。そこで、毎年度の国の予算と同時に策定されるのが、地方財政計画である。

　表 3 は、平成 29 年度の地方財政計画である。平成 29 年度の総額は通常収支分で 86 兆 6,000 億円と国の一般会計の規模と近い水準になっている[2]。地方財政全体としての地方税、地方交付税、国庫支出金そして別に策定される地方債計画と連動する地方債の発行によって地方財政の大枠が決められる。

---

2 ）　平成 24 年度から、東日本大震災の復旧・復興事業および全国の防災事業について、通常支出分とは別に地方財政計画が策定されており、29 年度は約 1 兆 3,000 億円の計画となっている。

　地方税収等とは、地方税収、市町村の場合は都道府県の税からの交付金、地方譲与税および地方特例交付金である[3]。そして地方税収等のうち基準財政収入に算入されない部分のことを留保財源と呼び、標準的な行政を超える財政需要に対応することができる。

　地方団体の側での地方交付税の所要額はこのように決定されるが、一方で地方交付税の財源は、先の図7で示されたように国の税収から一般会計の地方財政関係費として支出される。これは、一般会計の歳入となる国税の一定割合と定められている（表4）。

表4　国税からの地方交付税財源（交付税率）

所得税	33.10%
法人税	33.10%
酒税	50%
消費税	22.30%
地方法人税	100%

＊地方法人税は、全額が直接交付税及び譲与税配付税特別会計に繰り入れられる。

　このように交付のために必要な額と国税の一定割合として算出される財源とが一致するとは限らない。昭和50年代までは、交付に当たって全額を一律に調整することで対応が可能であったが、上記のようにバブル期には財源の伸びに合わせる形で交付税の規模が拡大し、その後、税収の減少傾向が続くバブル崩壊後は、交付税特会の借入れで対応が行われるようになる。しかし、特別会計での借り入れは"隠れ借金"との批判を受け、平成13年度以降は、不足額を国と地方が折半して対応することになった。具体的には、基準財政需要額と基準財政収入額の差である地方交付税の所要額と国税からの財源の差の2分の1を国が国債を発行して調達し、残りを各地方団体が臨時財政特例債を発行する。そして、臨時財政対策債の償還については将来に渡って地方交付税の基準財政需要額に算入される。

　地方団体の財政状況を全国統一的な形式で示したものが決算カードであり、

---

3)　地方税収のうち、都市計画税等の目的税、超過課税による税収、法定外税は基準財政収入算出の対象外であり、三位一体改革による地方への住民税の税源移譲分、地方法人特別譲与税以外の地方譲与税、交通安全対策特別交付金は基準財政収入に100%算入される。

総務省のホームページで公開されている[4]。予算や決算は各地方団体がそれぞれに策定しており、特に歳出については、総務省の区分に沿ってそれぞれが集計を行うため、厳密には同じ内容の支出が別の項目でカウントされることもあり得るが、地方団体間の比較を行うさいには有効な資料である。表5は、大阪府吹田市の平成27年度の決算カードである。

まず、歳入は使途が自由な一般財源と使途が特定される特定財源とがあり、地方税がその核となる。平成27年度の吹田市は市税収入が636億円、これに国税として徴収された税の一部が交付される地方譲与税が約5.5億円、一旦都道府県の税として計上されたものの中から一部を市町村に交付する交付金（利子割交付金，配当割交付金，株式譲渡所得割交付金，自動車取得税交付金，地方消費税交付金）が約85億円である。地方税とともに地方団体の一般財源の柱となっているのが地方交付税である。この地方交付税は、上記のように各地方団体が標準的な行政運営を行ううえで、地方税収が不足する場合に、その不足額に応じて配当されるものであるが、吹田市の場合は全国的に見た時に地方財政収入の規模は大きく、地方交付税収入は約7.5億円にとどまっている。

この他、地方特例交付金は、国の施策によって地方税収等が減収になる場合、それを補填するために交付されるものである。平成27年度は、所得税で税額控除をしきれない住宅ローン減税分を住民税から税額控除することによる地方団体の減収を補填するために交付されており、吹田市は2.4億円が交付されている。

以上の合計額757億円が平成27年度の吹田市の一般財源である。

地方団体の決算では、歳出は目的別と性質別にそれぞれ区分される。目的別歳出は議会費、総務費、民生費など地方団体が展開する行政項目に対応しており、予算書はこの項目にしたがって作成される。

性質別歳出は、目的別の各項目の経費を、人件費、物件費、普通建設事業費

4）決算カードに用いられる用語については、章末の資料1を参照されたい。

表 5　吹田市の決算カード（平成 27 年度決算）

出所）総務省 HP（http://www.soumu.go.jp/main_content/000476296.pdf）。

などの内容によって区分して集計したものである。たとえば、民生費の1つである児童福祉の事業には児童手当等の扶助費の他、保育職員の人件費や保育に要する物品の購入経費が含まれる。また、消防費には、消防隊員の人件費や消防車の整備に要する物件費、また庁舎の建替が行われる場合には普通建設事業費が計上される。

表6は、『地方財政白書』で示される、目的別歳出の民生費を性質別の内訳で見たものである。各地方団体の財政運営を考慮する時には、このような歳出構造を他の地方団体や全国的な傾向と詳細に比較することは有効な手段である。

表6 市町村・民生費の性質別内訳
(平成 27 年度)

区　分	金額（百万円）	比率（％）
人件費	1,571,956	7.8
物件費	1,186,450	5.9
扶助費	11,891,521	58.7
補助費等	674,966	3.3
普通建設事業費	480,058	2.4
補助事業費	215,268	1.1
単独事業費	264,719	1.3
県営事業負担金	70	0.0
積立金	26,635	0.1
貸付金	17,651	0.1
繰出金	4,401,664	21.7
その他	16,047	0.0
合計	20,266,948	100.0

資料）『地方財政白書』（平成 29 年度版）。

4.　財政赤字の拡大とプライマリーバランス

　表1および表2から明らかなように、近年の日本の財政は、国と地方を合わせた財政支出と総税収との間には大きなギャップが生じている。財政収入には

表7　国と地方の債務残高の推移

単位（兆円程度）

		平成10年度末〈実績〉	平成15年度末〈実績〉	平成20年度末〈実績〉	平成21年度末〈実績〉	平成22年度末〈実績〉	平成23年度末〈実績〉	平成24年度末〈実績〉	平成25年度末〈実績〉	平成26年度末〈実績〉	平成27年度末〈実績〉	平成28年度末〈実績見込〉	平成29年度末〈予算〉
国		390（387）	493（484）	573（568）	621（613）	662（645）	694（685）	731（720）	770（747）	800（772）	834（792）	876（820）	898（842）
	普通国債残高	295（293）	457（448）	546（541）	594（586）	636（619）	670（660）	705（694）	744（721）	774（746）	805（764）	845（790）	865（809）
	対GDP比	56%（56%）	88%（86%）	107%（106%）	121%（119%）	127%（124%）	136%（134%）	143%（140%）	147%（142%）	149%（144%）	151%（144%）	156%（146%）	156%（146%）
地方		163	198	197	199	200	200	201	201	201	199	198	195
	対GDP比	31%	38%	39%	40%	40%	41%	41%	40%	39%	37%	37%	35%
国・地方合計		533（550）	692（683）	770（765）	820（812）	862（845）	895（885）	932（921）	972（949）	1001（972）	1033（991）	1073（1018）	1093（1037）
	対GDP比	105%（105%）	133%（132%）	151%（150%）	167%（165%）	173%（169%）	181%（179%）	188%（186%）	192%（187%）	193%（188%）	194%（186%）	199%（188%）	198%（187%）

（注1）GDPは、27年度までは実績値、28年度及び29年度は政府見通しによる。
（注2）東日本大震災からの復興のために実施する施策に必要な財源として発行される復興債（23年度は一般会計において、24年度以降は東日本大震災復興特別会計において負担。23年度末：10.7兆円、24年度末：10.3兆円、25年度末：9.0兆円、26年度末：8.3兆円、27年度末：5.9兆円、28年度末：7.7兆円、29年度末：6.6兆円）及び、基礎年金国庫負担2分の1を実現する財源を調達するための年金特例公債（24年度末：2.6兆円、25年度末：5.2兆円、26年度末：4.9兆円、2015年度末：4.6兆円、2016年度末：4.4兆円、2017年度末：4.1兆円）を普通国債残高に含めている。
（注3）27年度末までの（　）内の値は翌年度借換のための前倒債発行額を除いた計数。28・29年度末の（　）内の値は、翌年度借換のための前倒債限度額を除いた計数。
（注4）交付税及び譲与税配付金特別会計の借入金については、その償還の負担分に応じて、国と地方に分割して計上している。なお、19年度初をもってそれまでの国負担分借入金残高の全額を一般会計に承継したため、19年度末以降の同特会の借入金残高は全額地方負担分（29年度末で32兆円程度）である。
（注5）28年度以降は、地方は地方債計画に基づく見込み。
（注6）このほか、29年度末の財政投融資特別会計国債残高は95兆円程度。
出所）財務省HP「我が国の財政事情」（平成28年12月財務省主計局）。（https://www.mof.go.jp/budget/budget_workflow/budget/fy2016/seifuan28/04.pdf）

租税収入の他、使用料・手数料や資産の運用収入などの税外収入があるが、財政支出と税収のギャップを埋めている資金の多くは、国および地方の債券の発行、つまり公債発行による借入れによって賄われている。

　表7は、最近の政府（国と地方）の債務残高の推移を示したものである。政府債務は、バブル崩壊後の経済対策の結果、増加を続け、平成10年度末には500兆円を超える。その後も政府債務の増加はさらに速度を増し、平成29年度末には2倍以上の1,093兆円に達すると見込まれている。これは、1年間の国内総生産（GDP）のほぼ2倍であり、先進国の中ではギリシャとともに突出して高い水準に達している。

　表8は、OECDの統計から、財政収支の対GDP比を求めたものである。財政が赤字基調であるのは各国共通した状況である。日本は平成21（2009）年以降マイナスの値は縮小し、収支は改善してきているが、平成29（2017）年の見込みでもマイナス4.5%となっている。

表8　財政収支の国際比較（対GDP比）

暦年	2009	2010	2011	2012	2013	2014	2015	2016	2017
ドイツ	▲3.2	▲4.2	▲1.0	▲0.0	▲0.2	0.3	0.7	0.5	0.5
イタリア	▲5.3	▲4.2	▲3.7	▲2.9	▲2.7	▲3.0	▲2.6	▲2.4	▲2.4
フランス	▲7.2	▲6.8	▲5.1	▲4.8	▲4.0	▲4.0	▲3.5	▲3.3	▲3.0
英国	▲10.6	▲9.6	▲7.7	▲8.3	▲5.7	▲5.6	▲4.3	▲3.3	▲3.1
日本	▲9.5	▲8.3	▲8.3	▲8.1	▲7.8	▲5.5	▲4.8	▲4.5	▲4.5
米国	▲14.1	▲13.0	▲11.2	▲9.4	▲5.9	▲5.2	▲4.5	▲5.0	▲5.2

備考）1. 出典はOECD "Economic Outlook98"（2015年11月）。
　　　2. 数値は一般会計ベース、ただし、日本及び米国は社会保障基金を除いた数値。
出所）表7と同じ

　財政運営に関する情報で、近年注目を集めている概念がプライマリーバランス（基礎的財政収支）である。

　プライマリーバランスの定義は、歳入から公債による収入を差し引いた額と、歳出から公債関係の支出つまり償還費と利払費を差し引いた額との差である。

　これを示したのが図8である。公債費は、償還の時期に達した公債の償還のためと利払に充てられ、それに加えて税等によって賄いきれない公債費以外の歳出を賄うために発行されている。図8で示されている状況は、プライマリーバランスがマイナスであることを意味している。1年間で、公債の残高は公債収入から償還分を差し引いた額だけ増加する。

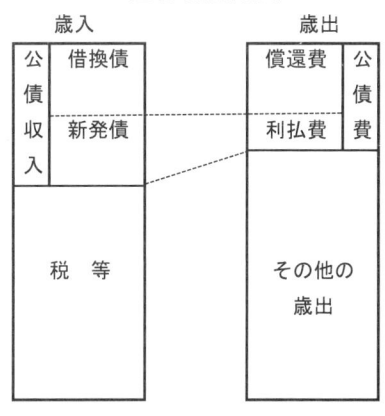

図8　プライマリーバランス（基礎的財政収支）

　GDP（名目）に対する公債の割合は、今期（n）から次期（n + 1）にかけて次式のように変化する。

$$n \text{ 期末} \quad \frac{n \text{ 期末の公債残高}}{n \text{ 期末の GDP}} \quad \cdots\cdots\cdots\cdots (1)$$

$$(n+1) \text{ 期末} \quad \frac{(n+1) \text{ 期末の公債残高}}{(n+1) \text{ 期の GDP}} \quad \cdots\cdots\cdots\cdots (2)$$

　（n + 1）期の公債残高は、借換債を除くその期に新しく発行した公債だけ増加する。この公債残高の増加率が名目 GDP の増加率よりも高ければ、公債の対 GDP 比の上昇に歯止めがかからなくなる。

　次に、プライマリーバランスが均衡している状況を考えよう。この場合、新発債は利払と等しくなる。上記のように利払費は、残高に公債の利子率を重じたものであり、（n + 1）期末の残高は次式になる。

$$\frac{（n\,期の公債残高）\times（1+\,利子率）}{（n+1）\,期の\,GDP} \cdots\cdots\cdots（3）$$

　公債残高の対 GDP 比が n 期よりも上昇しないためには、分母の（n + 1）期の GDP が対前年比で公債の利子率以上に増加することが条件となる。

　GDP の増加率とは、名目の経済成長率であり、プライマリーバランが均衡し、成長率が公債の利子率を上回っていれば、公債残高の対 GDP 比は改善する。言いかえると、仮にプライマリーバランスが均衡していたとしても、公債の利子率を上回る名目 GDP の成長がなければ公債残高の対 GDP 比は上昇する。近年はマイナス金利の導入も議論されるようになる[5]。一方 GDP は、物価が下落するデフレが続く中で、実質成長率はプラスであっても名目 GDP は低下するという状況が生じた。利子率と名目成長率のいずれが高いのかは論争にもなるが、実際には時期によって上下のいずれの期間もあった。平成 29 年度に関して見れば政府の名目 GDP 成長率の見通しは 1.5%、平成 29 年 8 月の国債発行利子率は 10 年国債で 0.07% 前後と、名目成長率の方が高くなっている。

　図 9 は、平成元年度以降の日本のプライマリーバランスの推移を示したものである。バブル期は黒字になっていたがその後は一貫して赤字、そしてリーマンショックの前には赤字幅はかなり縮小するが、平成 21 年度にはマイナス 8% を超える水準に達する。その後、最近まで改善基調にあるが、平成 27 年度でもマイナス 3% 程度の赤字となっている。

　財政健全化のために、ストックとしての公債残高を減額するという主張もあるが、少なくともフローの経済指標である債務の割合を維持するかもしくは引き下げる必要はある。日本の状況では、金利が極めて低く、また公的債務全体でも国内の家計や企業の貯蓄（金融資産）の総額を下回っていることから、公

5）　平成 26 年 12 月から日銀への民間金融機関からの預入れ（当座預金）について、法廷分を超える部分については残高の 0.1% の手数料を徴収することになった。物価が下落する状況のもとでは、金利が 0% であっても実質金利はプラスを意味する。

図9　国・地方のプライムリーバランスの推移（対 GDP 比）

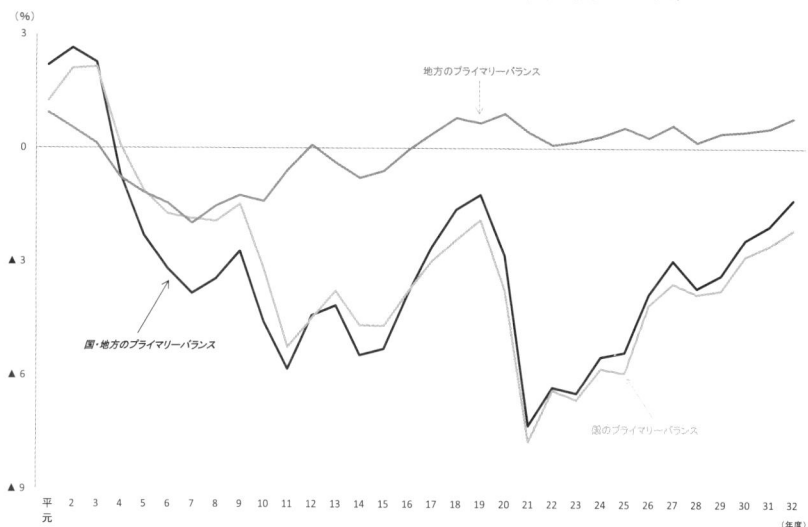

(出典)内閣府「国民経済計算」及び「中長期の経済財政に関する試算」(平成29年1月)。

備考）28 年度以降は、「中長期の経済財政に関する試算」（平成 29 年 1 月、内閣府）における「経済 再生ケース6)」。

出所）財務省「日本の財政関係資料」（平成 29 年 4 月）「日本の財政を考える」（www.zaisei.mof.go.jp/pdf/ 国・地方のプライマリーバランス（対 GDP 比）の推移 .pdf）。

債の金利は低い状態が続いているのであるが、一旦金利が上昇すれば利払いのための公債発行だけでも巨額に上る可能性は否定できない。

5.　地方の財政健全化

　日本では、平成 18 年度の夕張市の財政再建団体の指定によって、地方財政の破綻が大きくクローズアップされる。地方団体の財政状況が極端に悪化した場合に、財政再建への道筋が地方国体の自立的な取り組みではなく、国もしく

---

6)　中長期的に名目 3% 以上、実質 2% 以上の成長率（平成 28 ～平成 32 年度平均で名目 3.6%、実質 2.1%）。

は市町村の場合は都道府県の監督の下で進められることになる。

"地方財政の財政破綻"と言うが、地方団体の破綻とはどのような状況を示すのであろうか。破綻は"行き詰まり"であり、一般的には破産と同じような意味に用いられる。ただし破産は、自らの財産を失い負債の弁済が不可能になる状況で、債権者は債権の一部もしくは全部の権利を放棄することになる。

破綻を破産と同じ意味に把えれば、地方団体の財政破綻はその借入れの返済が不可能になることである。しかし、日本ではこのような状況に陥ることはなく、地方債の償還は国もしくは都道府県の監督の下で計画的に行われる。

地方債に関しては、平成12（2000）年の地方分権一括法まではその発行が国の自治大臣（当時）もしくは都道府県知事の許可制であったことから、地方債の発行については、"暗黙"に政府が保証している債権という見方がなされていた[7]。地方債の"政府保証"という文言は法律のどこにも明記されていないが、最終的には政府が返済してくれるという意味に理解されていた。つまり地方債は貸し倒れの生じない債権であり、その意味では地方団体が破産することはない。

このような実質的に地方に対する債権については貸し倒れが生じないという背景には地方債の消化（購入）資金が主に郵便貯金からの資金であったこともある。もともと郵便貯金は国営の金融機関であり、預金に対しては国が保証しており、その運用先は安全なものでなければならない。郵便預金は小泉政権下で民営化（株式会社化）が行われる。また、地方分権一括法によって地方債の発行はそれまでの許可制から、国（総務大臣）もしくは都道府県知事との協議制へと移行する。

近年、地方債の発行は市中消化も拡大し最大の資金源である郵便貯金が民営化されたことで、一般の民間企業の債務（借入れ）と同じように、地方債が不良債権化する可能性はゼロではなくなったというのが現在の状況であるという

7）　たとえば、土居（2007）。

ことができる。しかし現在まで地方債のデフォルトは発生しておらず、上記のように財政再建団体に指定された北海道の夕張市も[8]、国・道の監督下で借金（地方債）の返済は滞りなく計画的に進められ、300 億円を超えた地方債残高は平成 29 年度途中で約 220 億円まで減少している[9]。

　平成 18 年から 19 年にかけて、地方財政の悪化や債権についての法律を見直す議論が行われ、19 年 6 月に新しい「地方公共団体の財政の健全化に関する法律」が公布される[10]。従来の法律の下では、"財政再建"という言葉が用いられ、新しい法制度の下でも、"財政健全化"が前面に打ち出される。つまり大きな債務を抱えた地方団体の再建、あるいは健全化を進めるための基準と方策を定めるのである。

　現在の財政健全化の判断には実質赤字比率、連結実質赤字比率、実質公債費比率、将来負担比率の 4 つの指標が用いられ、いずれかの指標が基準を上回ると財政健全化団体に、さらには財政再生団体に指定される。健全化団体、再生団体に指定されれば、それぞれに実質収支赤字をゼロにし、また他の 3 つの指標が早期健全化基準を下回るための計画を策定しなければならない。その上で、指定された地方団体は国・都道府県の監督下に置かれる。したがって、新たな地方債発行による資金調達は認められず、予算編成の権限も限定されたものとなる。

　財政再生団体に指定された夕張市の場合には、確かに消防や福祉面でのサービスが停止することはなかったが、歳出面では人件費の削減を行うとともに行政サービスは必要最低限の水準に抑えられ、歳入面でも市民税の超過課税の実施や水道料金の大幅な値上げというように市民負担は増大している。

8）　平成 20 年度から財政再生団体。

9）　夕張市 HP（https://www.city.yubari.lg.jp/syakintokei/index.html）より。

10）　本章末の資料 2 を参照されたい。

むすび

　本章では、毎年度の決算から把える地方財政の状況に関する制度と論点について解説してきた。今日の日本の地方財政は、全体として国からの資金移転に依存してはいるものの、地方財政としてのプライマリーバランスは黒字に転換している。

　地方財政を考察するさいには、このようなマクロの指標の観察とともに、各地方団体の状況を把握する必要がある。現在は4つの財政健全化指標が、地方の行財政運営の自由度を認めるか否かの基準として用いられており、各地方団体はその基準を超えないことを1つの目標として財政運営を行っている。

　昭和48年のオイルショックを経て、昭和50年代には地方財政の悪化が問題となり、また平成のバブル崩壊後も債務の拡大が生じる。しかし、これらの財政悪化は住民から見れば財政が悪化していることを事後的に知らされたかたちになり、さまざまな行財政改革に取り組まざるをえないことがアナウンスされた。

　今現在は、行財政改革の過程についても情報が得られる環境も整備され、また、公会計の分野でも資産としての公共施設の状況等を明示する方向での取り組みもなされている。言わば、常に行財政改革は議論できる状況になっており、地方団体でも行財政改革に取り組む部署や審議会を常設するようになった。住民がこれまで以上に地域の財政に関心を持ち、議論されるようになって初めて、長く課題になっている地方分権も動き出すのではないかと期待したい。

参考文献

小西砂千夫（2002）『地方財政改革論』日本経済新聞社。
土居丈朗（2007）『地方債改革の経済学』日本経済新聞出版社。
橋本・鈴木・木村・小川・吉田（2017）『地方財政改革の検証』清文社。
林宏昭・橋本恭之（2008）『入門　地方財政（第2版）』中央経済社。

〈資料1　総務省による決算カードの用語解説〉

（総務省 HP　http://www.soumu.go.jp/iken/zaisei/card-1.html より引用。）

○歳入科目等

1　地方譲与税

国税として徴収し、そのまま地方公共団体に対して譲与する税。地方公共団体の財源とされているものについて、課税の便宜その他の事情から、徴収事務を国が代行している。

現在、地方揮発油税の収入額の全額を都道府県及び市町村に対して譲与する地方揮発油譲与税、地方道路税の収入額の全額を都道府県及び市町村に対して譲与する地方道路譲与税、石油ガス税の収入額の2分の1の額を都道府県及び政令指定都市に対して譲与する石油ガス譲与税、特別とん税の収入額の全額を開港所在市町村に対して譲与する特別とん譲与税、自動車重量税の収入額の3分の1（当分の間、1,000分の407）の額を市町村に対して譲与する自動車重量譲与税、航空機燃料税の収入額の13分の2（平成23年度から平成25年度の間、9分の2）の額を空港関係都道府県及び空港関係市町村に対して譲与する航空機燃料譲与税、税制の抜本的な改革において偏在性の小さい地方税体系の構築が行われるまでの間の措置として、法人事業税の一部を地方法人特別税（国税）として徴収し、その全額を都道府県に譲与する地方法人特別譲与税がある。

2　地方特例交付金

平成22年度等の子ども手当の創設に伴う地方負担の増加分等に対応するための児童手当及び子ども手当特例交付金、個人住民税における住宅借入金等特別税額控除による減収と自動車取得税の減税に伴う自動車取得税交付金の減収の一部を補てんする減収補てん特例交付金から構成される国から地方公共団体への交付金。

3　地方交付税

地方公共団体の自主性を損なわずに、地方財源の均衡化を図り、かつ地方行政の計画的な運営を保障するために、国税のうち、所得税、法人税、酒税、消費税及びたばこ税のそれぞれ一定割合の額を、国が地方公共団体に対して交付する税。

地方交付税には、普通交付税と災害等特別の事情に応じて交付する特別交付税がある。普通交付税は、基準財政需要額が基準財政収入額を超える地方公共団体に対して、その差額（財源不足額）を基本として交付される。

4　震災復興特別交付税

東日本大震災に係る災害復旧事業、復興事業その他の事業の実施のため特別の財政需要があること及び東日本大震災のため財政収入の減少があることを考慮して地方公共団体に対して交付する特別交付税。

5　一般財源

地方税、地方譲与税、地方特例交付金及び地方交付税の合計額。なお、これらに加え、都道府県においては、市町村から交付を受ける市町村たばこ税都道府県交付金、市町村においては、都道府県から交付を受ける利子割交付金、配当割交付金、株式等譲渡所得割交付金、地方消費税交付金、ゴルフ場利用税交付金、特別地方消費税交付金、自動車取得税交付金及び軽油引取税交付金（政令指定都市のみ）を加算した額をいうが、これらの交付金は、地方財政の純計額においては、都道府県と市町村との間の重複額として控除される。

6　一般財源等

一般財源のほか、一般財源と同様に財源の使途が特定されず、どのような経費にも使用できる財源を合わせたもの。目的が特定されていない寄附金や売却目的が具体的事業に特定されない財産収入等のほか、臨時財政対策債等が含まれる。

7　地方消費税

平成9年4月に導入された道府県税であり、その賦課徴収は、当分の間、国が消費税と併せて行い、各都道府県に払い込むこととされている。また、各都道府県は、国から払い込まれた額を消費に相当する額に応じて、相互間で清算することとされている。

特に断りのない限り、都道府県間における清算を行った後の額を地方消費税として歳入に計上し、地方消費税清算金は歳入・歳出いずれにも計上していない。

8　国庫支出金

国と地方公共団体の経費負担区分に基づき、国が地方公共団体に対して支出する負担金、委託費、特定の施策の奨励又は財政援助のための補助金等。

9　都道府県支出金

都道府県の市町村に対する支出金。都道府県が自らの施策として単独で市町村に交付する支出金と、都道府県が国庫支出金を経費の全部又は一部として市町村に交付する支出金（間接補助金）とがある。

10　減収補てん債

地方税の収入額が標準税収入額を下回る場合、その減収を補うために発行される地方債。地方財政法（昭和23年法律第109号）第5条に規定する建設地方債として発行されるものと、建設地方債を発行してもなお適正な財政運営を行うにつき必要とされる財源に不足を生ずると認められる場合に、地方財政法第5条の特例として発行される特例分がある。

11　臨時財政対策債

地方一般財源の不足に対処するため、投資的経費以外の経費にも充てられる地方財政法第5条の特例として発行される地方債。

平成13〜25年度の間において、通常収支の財源不足額のうち、財源対策債等を除い

た額を国と地方で折半し、国負担分は一般会計から交付税特別会計への繰入による加算（臨時財政対策加算）、地方負担分は臨時財政対策債により補てんすることとされている。

○歳出科目等

1　義務的経費

　地方公共団体の歳出のうち、任意に削減できない極めて硬直性が強い経費。職員の給与等の人件費、生活保護費等の扶助費及び地方債の元利償還金等の公債費からなっている。

2　投資的経費

　道路、橋りょう、公園、学校、公営住宅の建設等社会資本の整備等に要する経費であり、普通建設事業費、災害復旧事業費及び失業対策事業費から構成されている。

3　補助事業

　地方公共団体が国から負担金又は補助金を受けて実施する事業。

4　単独事業

　地方公共団体が国からの補助等を受けずに、独自の経費で任意に実施する事業。

5　国直轄事業

　国が、道路、河川、砂防、港湾等の建設事業及びこれらの施設の災害復旧事業を自ら行う事業。事業の範囲は、それぞれの法律で規定されている。国直轄事業負担金は、法令の規定により、地方公共団体が国直轄事業の経費の一部を負担するもの。

6　物件費

　性質別歳出の一分類で、人件費、維持補修費、扶助費、補助費等以外の地方公共団体が支出する消費的性質の経費の総称。

　具体的には、職員旅費や備品購入費、委託料等が含まれる。

7　扶助費

　性質別歳出の一分類で、社会保障制度の一環として地方公共団体が各種法令に基づいて実施する給付や、地方公共団体が単独で行っている各種扶助に係る経費。

　なお、扶助費には、現金のみならず、物品の提供に要する経費も含まれる。

8　補助費等

　性質別歳出の一分類で、他の地方公共団体や国、法人等に対する支出のほか、地方公営企業法（昭和27年法律第292号）第17条の2の規定に基づく繰出金も含まれる。

9　繰出金

　性質別歳出の一分類で、普通会計と公営事業会計との間又は特別会計相互間において支出される経費。また、基金に対する支出のうち、定額の資金を運用するためのものも繰出金に含まれる。

　なお、法非適用の公営企業に対する繰出も含まれる。

10 公債費

地方公共団体が発行した地方債の元利償還等に要する経費。

なお、性質別歳出における公債費が地方債の元利償還金及び一時借入金利子に限定されるのに対し、目的別歳出における公債費については、元利償還等に要する経費のほか、地方債の発行手数料や割引料等の事務経費も含まれる。

11 民生費

目的別歳出の一分類。地方公共団体は、社会福祉の充実を図るため、児童、高齢者、障害者等のための福祉施設の整備、運営、生活保護の実施等の施策を行っており、これらの諸施策に要する経費。

12 衛生費

目的別歳出の一分類。地方公共団体は、住民の健康を保持増進し、生活環境の改善を図るため、医療、公衆衛生、精神衛生等に係る対策を推進するとともに、し尿・ごみなど一般廃棄物の収集・処理等、住民の日常生活に密着した諸施策を行っており、これらの諸施策に要する経費。

○収支

1 形式収支

歳入決算総額から歳出決算総額を差し引いた歳入歳出差引額。

2 実質収支

当該年度に属すべき収入と支出との実質的な差額をみるもので、形式収支から、翌年度に繰り越すべき継続費逓次繰越（継続費の毎年度の執行残額を継続最終年度まで逓次繰り越すこと。）、繰越明許費繰越（歳出予算の経費のうち、その性質上又は予算成立後の事由等により年度内に支出を終わらない見込みのものを、予算の定めるところにより翌年度に繰り越すこと。）等の財源を控除した額。

通常、「黒字団体」、「赤字団体」という場合は、実質収支の黒字、赤字により判断する。

3 単年度収支

実質収支は前年度以前からの収支の累積であるので、その影響を控除した単年度の収支のこと。具体的には、当該年度における実質収支から前年度の実質収支を差し引いた額。

4 実質単年度収支

単年度収支から、実質的な黒字要素（財政調整基金への積立額及び地方債の繰上償還額）を加え、赤字要素（財政調整基金の取崩し額）を差し引いた額。

○財政分析指標

1 経常収支比率

　地方公共団体の財政構造の弾力性を判断するための指標で、人件費、扶助費、公債費のように毎年度経常的に支出される経費（経常的経費）に充当された一般財源の額が、地方税、普通交付税を中心とする毎年度経常的に収入される一般財源（経常一般財源）、減収補てん債特例分及び臨時財政対策債の合計額に占める割合。

　この指標は経常的経費に経常一般財源収入がどの程度充当されているかを見るものであり、比率が高いほど財政構造の硬直化が進んでいることを表す。

2　実質赤字比率

　当該地方公共団体の一般会計等を対象とした実質赤字額の標準財政規模（地方公共団体の標準的な状態で通常収入されるであろう経常的一般財源の規模を示すもの）に対する比率。

　福祉、教育、まちづくり等を行う地方公共団体の一般会計等の赤字の程度を指標化し、財政運営の悪化の度合いを示す指標ともいえる。

3　連結実質赤字比率

　公営企業会計を含む当該地方公共団体の全会計を対象とした実質赤字額及び資金の不足額の標準財政規模に対する比率。

　全ての会計の赤字と黒字を合算して、地方公共団体全体としての赤字の程度を指標化し、地方公共団体全体としての財政運営の悪化の度合いを示す指標ともいえる。

4　実質公債費比率

　当該地方公共団体の一般会計等が負担する元利償還金及び準元利償還金の標準財政規模を基本とした額（※）に対する比率。

　借入金（地方債）の返済額及びこれに準じる額の大きさを指標化し、資金繰りの程度を示す指標ともいえる。

　地方公共団体財政健全化法の実質公債費比率は、起債に協議を要する団体と許可を要する団体の判定に用いられる地方財政法の実質公債費比率と同じ。

※標準財政規模から元利償還金等に係る基準財政需要額算入額を控除した額（将来負担比率において同じ）。

5　将来負担比率

　地方公社や損失補償を行っている出資法人等に係るものも含め、当該地方公共団体の一般会計等が将来負担すべき実質的な負債の標準財政規模を基本とした額（※）に対する比率。

　地方公共団体の一般会計等の借入金（地方債）や将来支払っていく可能性のある負担等の現時点での残高を指標化し、将来財政を圧迫する可能性の度合いを示す指標ともいえる。

6　公債費負担比率

地方公共団体における公債費による財政負担の度合いを判断する指標の一つで、公債費に充当された一般財源の一般財源総額に対する割合。

　　公債費負担比率が高いほど、一般財源に占める公債費の比率が高く、財政構造の硬直化が進んでいることを表す。

7　実質収支比率

　　実質収支の標準財政規模（臨時財政対策債発行可能額を含む。）に対する割合。実質収支比率が正数の場合は実質収支の黒字、負数の場合は赤字を示す。

8　財政力指数

　　地方公共団体の財政力を示す指数で、基準財政収入額を基準財政需要額で除して得た数値の過去３年間の平均値。

　　財政指数が高いほど、普通交付税算定上の留保財源が大きいことになり、財源に余裕があるといえる。

9　標準財政規模

　　地方公共団体の標準的な状態で通常収入されるであろう経常的一般財源の規模を示すもので、標準税収入額等に普通交付税を加算した額。

　　なお、地方財政法施行令附則第11条第３項の規定により、臨時財政対策債の発行可能額についても含まれる。

10　標準税収入

　　地方税法に定める法定普通税を、標準税率をもって、地方交付税法で定める方法により算定した収入見込額。

11　財政調整基金

　　地方公共団体における年度間の財源の不均衡を調整するための基金。

12　減債基金

　　地方債の償還を計画的に行うための資金を積み立てる目的で設けられる基金。

13　債務負担行為

　　数年度にわたる建設工事、土地の購入等翌年度以降の経費支出や、債務保証又は損失補償のように債務不履行等の一定の事実が発生したときの支出を予定するなどの、将来の財政支出を約束する行為。

　　地方自治法第214条及び第215条で予算の一部を構成することと規定されている。

〈資料２　総務省による財政健全化基準の解説〉

（総務省HP　http://www.soumu.go.jp/main_content/000450175.pdf より引用。）

　1.　健全化判断比率の内容

　　健全化法においては、地方公共団体（都道府県、市町村及び特別区）の財政状況を客

観的に表し、財政の早期健全化や再生の必要性を判断するためのものとして、以下の4つの財政指標を「健全化判断比率」として定めています。地方公共団体は、毎年度、前年度の決算に基づく健全化判断比率をその算定資料とともに監査委員の審査に付した上で議会に報告し、公表しなければならないとされています。

2. 健全化判断比率の公表等

(1) 健全化判断比率の内容

　健全化法においては、地方公共団体（都道府県、市町村及び特別区）の財政状況を客観的に表し、財政の早期健全化や再生の必要性を判断するためのものとして、以下の4つの財政指標を「健全化判断比率」として定めています。地方公共団体は、毎年度、前年度の決算に基づく健全化判断比率をその算定資料とともに監査委員の審査に付した上で議会に報告し、公表しなければならないとされています。

①実質赤字比率
当該地方公共団体の一般会計等を対象とした実質赤字額の標準財政規模に対する比率
②連結実質赤字比率
当該地方公共団体の全会計を対象とした実質赤字額又は資金の不足額の標準財政規模に対する比率
③実質公債費比率
当該地方公共団体の一般会計等が負担する元利償還金及び準元利償還金の標準財政規模※に対する比率
④将来負担比率
地方公社や損失補償を行っている出資法人等に係るものも含め、当該地方公共団体の一般会計等が将来負担すべき実質的な負債の標準財政規模※に対する比率
※標準財政規模から元利償還金等に係る基準財政需要額算入額を控除した額
・一般会計等の実質赤字額：一般会計及び特別会計のうち普通会計に相当する会計における実質赤字の額・実質赤字の額＝繰上充用額＋（支払繰延額＋事業繰越額）
・連結実質赤字額：イとロの合計額がハとニの合計額を超える場合の当該超える額
イ　一般会計及び公営企業（地方公営企業法適用企業・非適用企業）以外の特別会計のうち、実質赤字を生じた会計の実質赤字の合計額　ロ　公営企業の特別会計のうち、資金の不足額を生じた会計の資金の不足額の合計額　ハ　一般会計及び公営企業以外の特別会計のうち、実質黒字を生じた会計の実質黒字の合計額　ニ　公営企業の特別会計のうち、資金の剰余額を生じた会計の資金の剰余額の合計額
・準元利償還金：イからホまでの合計額
イ　満期一括償還地方債について、償還期間を30年とする元金均等年賦償還とした場合

における1年当たりの元金償還金相当額

ロ　一般会計等から一般会計等以外の特別会計への繰出金のうち、公営企業債の償還の財源に充てたと認められるもの

ハ　組合・地方開発事業団（組合等）への負担金・補助金のうち、組合等が起こした地方債の償還の財源に充てたと認められるもの

ニ　債務負担行為に基づく支出のうち公債費に準ずるもの

ホ　一時借入金の利子

・将来負担額：イからチまでの合計額

イ　一般会計等の当該年度の前年度末における地方債現在高

ロ　債務負担行為に基づく支出予定額（地方財政法第5条各号の経費に係るもの）

ハ　一般会計等以外の会計の地方債の元金償還に充てる一般会計等からの繰入見込額

ニ　当該団体が加入する組合等の地方債の元金償還に充てる当該団体からの負担等見込額

ホ　退職手当支給予定額（全職員に対する期末要支給額）のうち、一般会計等の負担見込額

ヘ　地方公共団体が設立した一定の法人の負債の額、その者のために債務を負担している場合の当該債務の額のうち、当該法人等の財務・経営状況を勘案した一般会計等の負担見込額

ト　連結実質赤字額

チ　組合等の連結実質赤字額相当額のうち一般会計等の負担見込額

・充当可能基金額：イからヘまでの償還額等に充てることができる地方自治法第241条の基金

（健全化判断比率の概要）

$$実質赤字比率 = \frac{一般会計等の実質赤字額}{標準財政規模}$$

・一般会計等の実質赤字額：一般会計及び特別会計のうち普通会計に相当する会計における実質赤字の額

・実質赤字の額＝繰上充用額＋（支払繰延額＋事業繰越額）標準財政規模

$$連結実質赤字比率 = \frac{連結実質赤字額}{標準財政規模}$$

・連結実質赤字額：イとロの合計額がハとニの合計額を超える場合の当該超える額

イ　一般会計及び公営企業（地方公営企業法適用企業・非適用企業）以外の特別会計のうち、実質赤字を生じた会計の実質赤字の合計額

ロ　公営企業の特別会計のうち、資金の不足額を生じた会計の資金の不足額の合計額

ハ　一般会計及び公営企業以外の特別会計のうち、実質黒字を生じた会計の実質黒字の合計額

ニ　公営企業の特別会計のうち、資金の剰余額を生じた会計の資金の剰余額の合計

$$実質公債費比率 \atop (3か年平均) = \frac{(地方債の元利償還金＋準元利償還金) － (特定財源＋元利償還金・準元利償還金に係る基準財政需要額算入額)}{標準財政規模 － (元利償還金・準元利償還金に係る基準財政需要額算入額)}$$

・準元利償還金：イからホまでの合計額

イ　満期一括償還地方債について、償還期間を30年とする元金均等年賦償還とした場合における1年当たりの元金償還金相当額

ロ　一般会計等から一般会計等以外の特別会計への繰出金のうち、公営企業債の償還の財源に充てたと認められるもの

ハ　組合・地方開発事業団（組合等）への負担金・補助金のうち、組合等が起こした地方債の償還の財源に充てたと認められるもの

ニ　債務負担行為に基づく支出のうち公債費に準ずるもの

ホ　一時借入金の利子

$$将来負担比率 = \frac{将来負担額 － (充当可能基金額＋特定財源見込額＋地方債現見込額) 在高等に係る基準財政需要額算入}{標準財政規模 － (元利償還金・準元利償還金に係る基準財政需要額算入額)}$$

・将来負担額：イからチまでの合計額

イ　一般会計等の当該年度の前年度末における地方債現在高

ロ　債務負担行為に基づく支出予定額（地方財政法第5条各号の経費に係るもの）

ハ　一般会計等以外の会計の地方債の元金償還に充てる一般会計等からの繰入見込額

ニ　当該団体が加入する組合等の地方債の元金償還に充てる当該団体からの負担等見込額

ホ　退職手当支給予定額（全職員に対する期末要支給額）のうち、一般会計等の負担見込額

ヘ　地方公共団体が設立した一定の法人の負債の額、その者のために債務を負担している場合の当該債務の額のうち、当該法人等の財務・経営状況を勘案した一般会計等の負担見込額

ト　連結実質赤字額

チ　組合等の連結実質赤字額相当額のうち一般会計等の負担見込額

・充当可能基金額：イからヘまでの償還額等に充てることができる地方自治法第241条の基金

(2) 健全化判断比率等の対象となる会計

　健全化判断比率等の対象となる会計の範囲を図示すると、以下のとおりです。

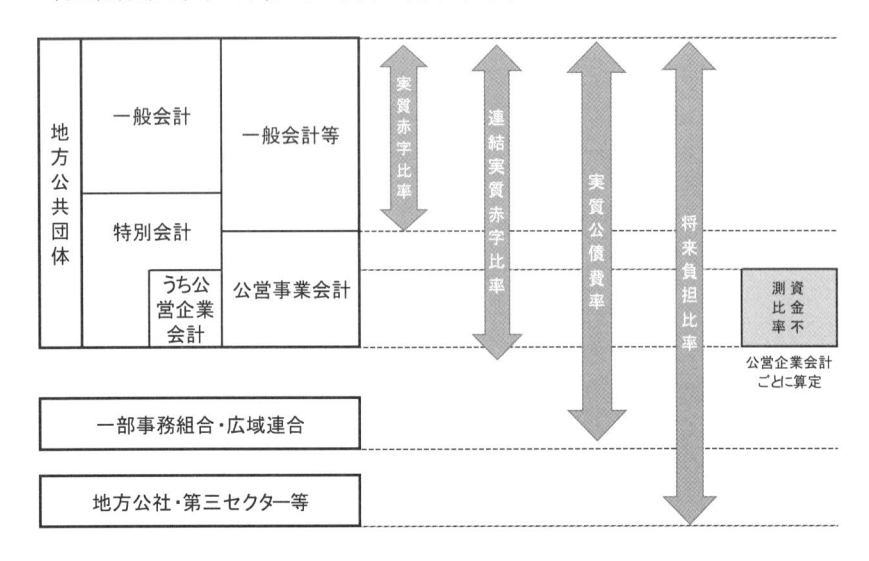

(3) 財政の早期健全化と財政の再生

　地方公共団体は、健全化判断比率のいずれかが早期健全化基準以上である場合には、当該健全化判断比率を公表した年度の末日までに、「財政健全化計画」を定めなければなりません。

　また、再生判断比率（健全化判断比率のうちの将来負担比率を除いた３つの指標）のいずれかが財政再生基準以上である場合には、当該再生判断比率を公表した年度の末日までに、「財政再生計画」を定めなければなりません。

　財政の早期健全化、財政の再生における計画目標を図示すると、以下のとおりです。

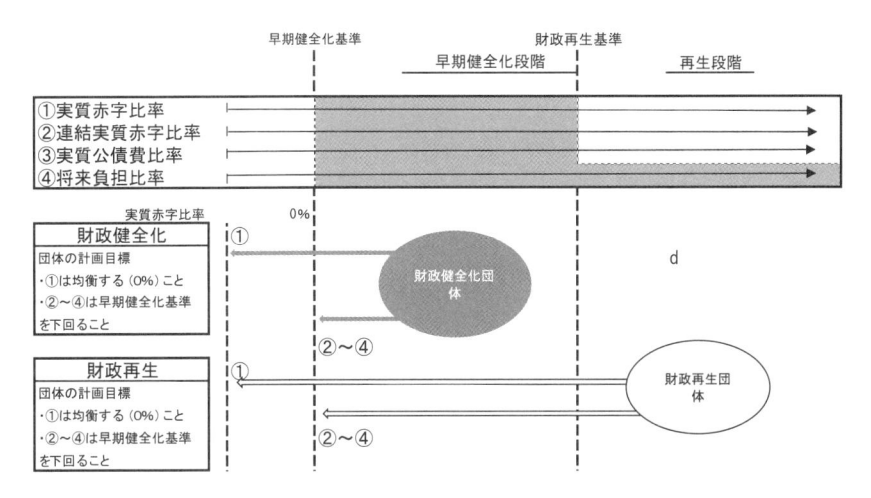

　なお、早期健全化基準又は財政再生基準以上となった場合の計画策定等に関する規定
は、平成 21 年 4 月 1 日から施行されています。

3. 資金不足比率の公表等

公営企業を経営する地方公共団体（組合及び地方開発事業団を含む。）は、毎年度、公
営企業会計ごとに資金不足比率（資金の不足額の事業規模に対する比率）を監査委員の
審査に付した上で議会に報告し、公表しなければならないとされています。資金不足比
率が経営健全化基準以上となった場合には、経営健全化計画を定めなければなりません。
（資金不足比率の概要）

$$資金不足比率 = \frac{資金の不足額}{事業の規模}$$

・資金の不足額：

資金の不足額（法適用企業）＝（流動負債＋建設改良費等以外の経費の財源に充てるた
　　　　　　　　　　　　　　　めに起こした地方債の現在高 − 流動資産）− 解消可能資
　　　　　　　　　　　　　　　金不足額

資金の不足額（法非適用企業）＝（歳出額＋建設改良費等以外の経費の財源に充てるた
　　　　　　　　　　　　　　　めに起こした地方債の現在高 − 歳入額）− 解消可能資
　　　　　　　　　　　　　　　金不足額

※解消可能資金不足額：事業の性質上、事業開始後の一定期間構造的に生じる資金の不

足額がある場合において、資金の不足額から控除する一定の額。

※宅地造成事業を行う公営企業については、販売用土地に係る流動資産の算定等に関する特例がある。

・事業の規模：

事業の規模（法適用企業）＝営業収益の額−受託工事収益の額

事業の規模（法非適用企業）＝営業収益に相当する収入の額−受託工事収益に相当する
収入の額

※指定管理者制度（利用料金制）を導入している公営企業については、営業収益の額に関する特例がある。

※宅地造成事業のみを行う公営企業の事業の規模については、「事業経営のための財源規模」（調達した資金規模）を示す資本及び負債の合計額とする。

4. 早期健全化基準、財政再生基準

(1) 実質赤字比率

財政再生基準は、財政規律を確保する上で事実上の規範として定着している旧再建法の起債制限の基準（市区町村 20％、道府県 5％※）を用い、早期健全化基準は、地方債協議・許可制度における許可制移行基準（市区町村 2.5％ 〜 10％、都道府県 2.5％）と財政再生基準（再掲・市区町村 20％、道府県 5％）との中間の値をとって、市区町村は財政規模に応じ 11.25％ 〜 15％、道府県は 3.75％ としています。

※都の実質赤字比率の基準については、旧再建法と同様、財政制度の特例に伴う計算調整があります。（平成 27 年度における早期健全化基準は 5.54％、財政再生基準は 8.57％ です。）

(2) 連結実質赤字比率

早期健全化基準は、実質赤字比率の早期健全化基準に公営企業会計等における経営健全化等を踏まえ 5％ を加算し、市区町村は財政規模に応じ 16.25％ 〜 20％、道府県は 8.75％ としています。

同様に財政再生基準については、実質赤字比率の財政再生基準に 10％ 加算し、市区町村は 30％、道府県は 15％ としています。

※連結実質赤字比率の財政再生基準については、平成 21 年度からの 3 年間は市区町村は 40％ 〜 35％、道府県は 25％ 〜 20％ の経過的な基準が適用されます。

※都の連結実質赤字比率の基準については、旧再建法と同様、財政制度の特例に伴う計算調整があります。（平成 27 年度における早期健全化基準は 10.54％、財政再生基準

は 18.57％です。）

（3）実質公債費比率

早期健全化基準については、市区町村・都道府県とも、健全化法施行以前の地方債協議・許可制度において一般単独事業の許可が制限される基準であった 25％とし、財政再生基準は、市区町村・都道府県とも、健全化法施行以前の地方債協議・許可制度において、公共事業等の許可が制限される基準であった 35％としています。

（4）将来負担比率

実質公債費比率の早期健全化基準に相当する将来負担額の水準と平均的な地方債の償還年数を勘案し、市区町村（政令市を除く。）は 350％、都道府県及び政令市は 400％を早期健全化基準としています。

（5）資金不足比率

経営健全化基準（早期健全化基準に相当する基準）は、地方債協議・許可制度における許可制移行基準を勘案して 20％（営業収益／年の 5％程度の合理化努力の 4 年分に相当するもの）としています。

5.　施行

健全化判断比率及び資金不足比率の公表に関する規定は、平成 20 年 4 月 1 日から施行しており、平成 19 年度の決算に基づく健全化判断比率等から適用されていますが、財政健全化計画等の策定義務などその他の規定は、平成 21 年 4 月 1 日に施行され、平成 20 年度決算に基づく健全化判断比率等から適用されています。

第Ⅲ章　吹田市における公共施設マネジメントと　コストマネジメント

松　尾　貴　巳

1.　はじめに

　自治体において、公共施設マネジメントが行財政上の重要な課題となってきた。近年大きな影響を与えたのは、2014年4月に総務省から出された、「公共施設等総合管理計画の策定要請」（総務省，2014a）である。これによって、各自治体は、所有する公共施設の現状把握と10年程度の長期間の管理方針を策定することになった。また、同時期に総務省から出された財務書類作成基準「今後の新地方公会計の推進に関する研究会報告書」では、資産の評価と行政コスト情報の質を高める観点から統一的な基準に基づく財務書類の整備と固定資産台帳の整備が求められ、自治体が所有する資産を網羅的かつ会計的に把握することが求められるようになった。その結果、現在自治体においては、固定資産台帳を中心に、公会計の財務書類整備と公共施設管理が結びつく制度環境となっている。そして、統一的な基準に基づく財務書類や固定資産台帳の情報活用と公共施設マネジメントにおける会計情報の活用は、多くの自治体において今後取り組む検討課題となっている。

　本稿では、吹田市における公共施設マネジメントについて検討する。吹田市は、複式簿記・発生主義に基づく財務書類の作成について、総務省が進める統一的な基準より先行的に取り組み、かつ公共施設マネジメントに会計数値を活用することにも先進的に取り組んできた数少ない自治体であるからである。吹

(79)

田市では、2013年度から会計基準の策定、固定資産台帳の整備に取り組み、2014年度から新たな会計システムの運用を開始している。また、市の新公会計制度の中で、公共施設最適化マネジメントとの関連を明示すると共に、公共施設最適化計画の推進において、事業や施設の企画・設計段階に遡って会計情報を利用し、経済性と質の両立をはかる取り組みを行っている。これらの点で、吹田市の事例は、公共施設マネジメントにおける会計情報の活用だけでなく、製品・サービスの企画段階に遡って原価低減をしようとするコストマネジメントに関連した取り組みとしても検討する意義があるといえる。

　以下では、吹田市の取り組みに関連すると考えられる、公共施設のファシリティマネジメントと複式簿記・発生主義会計の導入に関する課題を整理したうえで、吹田市における新公会計制度の概要と公共施設マネジメントの取り組みについて記述し、会計情報の活用とコストマネジメントの観点からその意義について検討する。

2.　自治体におけるファシリティマネジメントとコストマネジメント

(1)　自治体におけるファシリティマネジメントの取り組み経緯

　公共施設マネジメントや財務書類の整備は、わが国では2000年ごろから本格的に議論されるようになった。公共施設マネジメントは、三重県が1999年に県庁舎のスペースの有効活用を目的としたレイアウト改善に取り組み、2001年に青森県が県の行革大綱に公共施設の保有総量の縮減と施設の有効活用を目的としたファシリティマネジメントの取り組みを明示したことで注目を集め、行財政改革の観点で公共施設マネジメントに取り組む自治体が増えた。市においても大阪市が2006年、千葉県流山市が2008年、神戸市においては2009年ごろから取り組みはじめた。神戸市の場合、阪神淡路大震災によって大きな負債を抱えていた中で、高度経済成長期に整備した公共施設をどのように縮減していくかが課題であった。

　次に注目を浴びたのは、2012年12月に生じた中央自動車道笹子トンネル天井板落下事故であった。ちょうどその年8月に、第3次社会資本整備重点計画が閣議決定され、社会資本の適確な維持管理・更新が重点目標として位置づけられていた。2013年には、インフラ老朽化対策の推進に関する関係省庁連絡会議により「インフラ長寿命化基本計画」が公表され、国と自治体の役割が明確になった。これをふまえ、総務省は2014年に、各都道府県知事、指定都市市長向けに総務大臣名で「公共施設等総合管理計画の策定要請」を行ない、都道府県に対し、都道府県内市区町村（指定都市を除く）に対しても周知徹底をはかるよう求めた。

　当要請は、「厳しい財政状況が続く中で、今後、人口減少等により公共施設等の利用需要が変化していくことが予想されることを踏まえ、早急に公共施設等の全体の状況を把握し、長期的な視点をもって、更新・統廃合・長寿命化などを計画的に行うことにより、財政負担を軽減・平準化するとともに、公共施設等の最適な配置を実現する」（総務省，2014b）ことを目的とするもので、所有施設等の現状把握・分析と、施設全体の管理に関する10年間程度の長期期間の基本方針の策定を求められている。この中では、「計画の実効性を確保するため、計画期間における公共施設等の数・延べ床面積等に関する目標やトータルコストの縮減・平準化に関する目標などについて、できるかぎり数値目標を設定するなど、目標の定量化に努めること」、（総務省，2004b，4）が必要であるとされている。

　総務省の要請では、計画の策定において固定資産台帳の作成や公会計の整備を前提に策定することは求められていないが、「公共施設等の維持管理・修繕・更新等に係る中長期的な経費の見込みを算出することや、公共施設等の総合的かつ計画的な管理に関する基本的な方針等を充実・精緻化することに活用することが考えられることから、将来的には、固定資産台帳等を利用していくことが望ましい」とされ（総務省，2004b，6）、公共施設の管理と固定資産台帳を関連づけることが推奨された。

(2) 自治体におけるファリシティマネジメントの意義と課題

ファリシティマネジメントは、「企業、団体等が組織活動のために施設とその環境を総合的に企画、管理、活用する経営活動」（FM 推進連絡協議会，2009，3）と定義されている。これには、単なる建築学的もしくは技術的な視点に基づく施設の運営維持管理手法だけでなく、戦略計画、PDCA（Plan-Do-Check-Action）、目標管理などのマネジメントの概念が含まれ、経営資源としての施設の経済性、効率性を高める目的と利用者満足や有効性を両立させる目的がある。自治体が取り組む公共施設に関するファリシティマネジメントも財政再建と住民サービスの維持向上を両立させようとするものであり、先進事例とされる青森県の事例も概ねこのような定義に沿ったものである。

ファリシティマネジメントの目的を満たすための評価手法は、主に、①財務視点、②品質視点、③供給視点に分けられ、複数の評価手法が使用されている（FM 推進連絡協議会，2009）。財務視点に関する評価手法の中心は、LCC（Life Cycle Costing）であり、資産取得後から処分するまでの総コストの最適化のための測定、評価手法である（Jardine，2011）。施設の耐用年数は一般に数十年以上と長く、施設の設計は建設後の維持管理費、改修費、施設・設備寿命に影響を及ぼすことから、建設から撤去までのライフサイクルを通じたコストを考慮しその最適化をはかるうえで重要な概念となる。

LCC の起源は、1930 年代のアメリカ会計検査院のトータル・コストによる調達政策にあるとされ（岡野，2002，186）、その後 1960 年代、アメリカ国防総省における装備品の調達に関わる入札において、購入及び購入後の全使用期間にわたる使用コストを最小化しようとして発展した経緯がある（江藤，2008，；岡野，2002，185）。その後アメリカでは、連邦政府や会計検査院（GAO）、健康・教育・福祉省、商務省、各州政府などが中心となって、行政サイドから LCC が進められた（小林，1996，3）。また、イギリスでは 1960年代においてテロテクノロジー政策でライフサイクルコストによる分析が注目され、1990 年代には、新しい公共事業の手法として導入した PFI（Private

Finance Initiative）においても VFM（Value For Money）の算定において重要な役割を果たしている（中島，2009，96）。岡野（2002）によれば、わが国における LCC の普及はアメリカ、イギリスから伝播したものとされ、1960年代に一部の企業が民間製造業のプラントメンテナンス技術（TPM：Total Productive Maintenance）として導入し、その後、1990 年代に建築業界で検討されるようになった（岡野，2003）。しかし、日本ではアメリカ、イギリスのように制度化されず、また、契約社会ではない日本においては、ライフサイクルをベースにしたユーザー、製造者間の契約は定着し難かったとされている（矢澤，2010，59）、したがって、アメリカやイギリスに比べ官民共に実務に浸透しているとはいえない状況にある。

　とくにわが国の行政組織の場合、伝統的に単年度現金主義会計を採用してきた経緯があり、固定資産に関する管理は、公有財産台帳はあるものの、建物、土地、備品に限定され、しかも取得原価等の財務データの管理は十分行われてこなかった。総務省による固定資産台帳の整備を前提とした財務書類の整備推進は、管理の対象とする資産の範囲を道路や橋梁などのすべての自治体所有資産に拡大し、取得価額等の財務情報を管理するものである。このため、LCCに基づく財務評価を行ううえでの情報基盤が整うという点で影響をもたらしているといえる。

　品質視点の評価手法には、信頼性評価や利用者満足度評価が含まれ、供給視点に関連した評価手法には、需給対応性評価や施設利用度評価が含まれる。信頼性評価は、個々の建物に関する耐震性、防災安全性、法適合性などの評価であり、主に建設技術に関連した評価である。行政サービスの場合、利用者満足度や施設利用度の大きさは施設通じて提供されるソフトとしての行政サービスの質・量の影響を受け、サービスの供給量は事業や施策における資源配分（予算額）によって決まるという意味で、予算や行政評価との関連性を考慮しなければならない。とくに、施設投資の抑制や資産削減に結び付けていく必要がある場合は、予算編成にどのように関連付けていくかという点が課題であるとい

える。

　ただし、行政評価情報を予算編成に活用することは、行政評価に取り組む自治体が増え始めた頃から山本（2001）や古川・北大路（2001）、東（2005）をはじめ多くの研究者がその課題を指摘してきたように、定量的な評価結果に基づいてシステマティックに予算に反映することは難しい。予算機能としての調整活動には、部門間の水平的な調整活動と上下の部門間の垂直的な調整活動があることをふまえれば（小林，1997，31-32）、組織間の調整行動に重点をおく双方向のコミュニケーションを通じて、コスト低減に向けたアイデアを創出すること（予算企画）が重要である（柴・松尾，2013）。

3.　複式簿記・発生主義会計の導入と固定資産台帳の整備

(1)　統一的な基準の導入と現状の課題

　地方公会計制度について、総務省は、2014 年 4 月に複式簿記の導入と固定資産台帳の整備を柱とする財務書類作成基準「今後の新地方公会計の推進に関する研究会報告書」（以下『研究会報告書』）を公表し、地方公会計に関する新たな統一的な基準（以下、「統一的な基準」という）を示した。2015 年 1 月には、「統一的な基準による地方公会計マニュアル」（以下『公会計マニュアル』）を示し、原則として 2015 年度から 2017 年度の 3 年間で統一的な基準による財務諸表の作成を要請した（2015 年 1 月 23 日付総務大臣通知総財務第 14 号）。

　全国自治体の財務書類の作成予定に関する総務省の調査（「地方公共団体における統一的な基準による財務書類の作成予定）によれば、2015 年 3 月末時点において、全団体（1755 団体）のうち 1239 団体（69.3％）は、基準モデルや総務省方式改訂モデル、また独自方式で既に何らかの財務書類を作成済みであり、全団体のうち 98.2％は統一的な基準による財務書類の作成を要請期間内に作成を完了すると回答した（総務省，2015a）。また、2017 年 3 月末時点の調査では、統一的な基準による財務書類について、1,767 団体（全団体の

98.8％）が要請期間内の平成 29 年度末までに財務書類を作成予定であると回答している（総務省，2017）。日本会計研究学会特別委員会（2016）が、全国自治体（1788 団体）を対象として行った調査によれば、2017 年度以降の財務書類の作成について、回答自治体（1103 団体）のうち 95.6％の団体が統一的な基準で作成し、固定資産台帳の整備についても 95.5％の自治体が 2016 年度中に完了予定と回答しており（特別委員会 2016）、導入率の高さは 2015 年の総務省調査と整合している。

　「研究会報告書」は、統一的な基準に基づく財務書類は、現金主義会計による予算・決算を補完するものとされ、住民や議会等に対する説明責任の履行だけでなく、資産・債務管理や予算編成・行政評価等に有効活用することでマネジメントが強化され、財政の効率化・適正化につながるとしている（総務省，2014a，4）。さらに、「公会計マニュアル」では、「財務書類等活用の手引き」（総務省，2015b，3-6）として、セグメント別のフルコスト情報を活用し、行政評価情報などと連携することで予算編成において資源配分の意思決定に活用することが期待されており、マネジメントへの活用が期待されている。しかし、総務省の調査では、財務書類を作成済みである 1,239 団体の財務書類の活用状況をみると、財政指標の設定（26.4％）や地方議会での活用（25.9％）等、団体全体の財務状況の報告・開示に関わる項目については四分の一程度の団体が財務書類を活用している一方で、適切な資産管理（10.2％）、予算編成の活用（7.7％）、行政評価との連携（1.4％）等、個々の資産管理や事業の評価に関わる活用については活用が進んでいないことが明らかにされている（総務省，2015a）。

　特別委員会（2016）の調査においても、統一的な基準による財務書類について、従来の財務書類と比較して期待している（「大いに期待している」、「やや期待している」の合計）と回答した団体の率は、説明責任の向上：62.2％（回答自治体：1,103 団体のうち 686 団体）、固定資産の適正な管理：82.5％、業務効率化：31.0％、予算編成：53.1％、総合計画の決定：42.4％、実施計画：

45.0％、行政評価：40.8％など、期待値は高いが実際の活用との間にギャップが生じていることがうかがえる。

予算編成に活用するためには、事業や施策等のセグメント情報が重要となり、また、予算編成の時期に情報提供するためには、決算の早期化が重要となるなど、情報活用の実現に向けた仕組みの整備が重要である。上述の特別委員会の調査では、部門や事業等のセグメント別の財務書類を作成する予定の自治体は 1,103 自治体のうち 8.7％の 96 団体（すでに作成しているのは 20 団体 1.8％）であり、財務書類作成早期化に貢献すると考えられる「日々仕訳」については、1,077 団体のうち 7.9％の 79 団体（導入済み団体を含む）にとどまっている（874 団体、81.2％が期末一括仕訳を予定）。

このような導入の現状において、総務省の期待通りマネジメント等への情報活用が行われていくのかという問題がある。今後、ほとんどの自治体で統一的な基準に基づく財務諸表は作成されることになるが、情報活用に向けた仕組み作りが行われていなければ、実際にうまく活用できない可能性がある。

(2) 複式簿記・発生主義会計情報に基づく財務書類の導入経緯

自治体のような政府組織に複式簿記、発生主義会計に基づく企業会計方式の会計システムを導入しようとする考え方は新しいものではない。わが国の場合、実務面では、統一的な基準が検討・導入される前の段階として、2006 年以降総務省による基準モデル、総務省方式改訂モデルが提示された時期がある。山浦（2016）によれば、もともとの先行事例としては、1987 年に財団法人地方自治協会（現、財団法人地方自治研究機構）が「地方公共団体のストックの分析評価手法に関する調査研究報告書」において、収支計算書と貸借対照表を作成する方法を示したことに始まるとされ、2000 年になると、当時の自治省（現総務省）が、「地方公共団体の総合的な財務分析に関する調査研究報告書」を公表し、決算統計をベースに貸借対照表を作成する手法を提示した。そして、2001 年以降、行政コスト計算書、連結財務書類の作成手法を提示し、

2006年には「新地方公会計制度研究会報告書」を公表し、複式仕訳を前提とする貸借対照表、行政コスト計算書、純資産変動計算書、資金収支計算書等の財務書類の体系的整備を特徴とした「基準モデル」と決算統計データを活用した簡便な財務書類作成方式である「総務省方式改訂モデル」の2つの作成手法を提示し、2014年の統一的基準の提示に至った。統一的な基準においては、固定資産台帳の整備を前提とした財務諸表の作成が提示されたことで、公共施設マネジメントなど、マネジメント・ツールとして情報活用を行うことが強調されるようになった。また、国の公会計制度整備とは別に、東京都は、1999年に「機能するバランスシート」として財務諸表（貸借対照表、行政コスト計算書、キャッシュ・フロー計算書）を公表し、2005年に複式簿記、日々仕訳（都度仕訳）を特徴とする「東京都会計基準」を公表した。東京都の取り組みは、その後町田市や大阪府、そして本稿で紹介する吹田市などの自治体に影響を与えた。

　他方、学術的には、1980年代は主として行政の経済性・効率性に関するアカウンタビリティの観点から、発生主義会計の意義が議論されはじめ（吉田, 1980など）、1990年代になると公会計制度のストック情報の不備、不完全さも指摘されるようになった（茅根, 1991）。また、1990年代以降になると、以下のようなNPM（New Public Management）の潮流を受け、成果指向の業績管理におけるインプット情報としての発生主義情報の意義や（古川・北大路, 2001：東, 2001）、財政健全化の観点からのストック情報の意義など（兼村, 2001）が検討されてきた。

　企業会計方式の財務諸表の作成は、海外では主に1980年代からイギリスやニュージーランドなどのアングロサクソン諸国において、いわゆるNPM（New Public Management）に関連した取り組みの一つとして位置づけられてきた。NPMは、市場メカニズムの導入や分権化、権限・責任の明確化、成果志向の業績管理などの複数の取り組みに関連したものである（Hood, 1991; 1995; Guthrie et al., 1999）。また、山本（2016）が指摘するように、米国では地方債

市場が発達し、自治体の財政状態によって発行条件が異なっていたことから、財政の透明性と経済性・効率性に関する情報ニーズが高く、情報ニーズと財務諸表のタイプの関係についての分析（Patton, 1978）などが1970年代後半から行われている。

　発生主義会計の導入意義に関する議論は、情報利用の主体を議会や住民、債権者等の利害関係者におく財務会計的なアカウンタビリティの観点と、個々の行政組織における経営管理者（マネージャー）に焦点を当て、マネージャーが情報を利用し、業績管理や資源配分等の意思決定に利用する内部管理目的の管理会計的な観点がある。もちろん、行政組織の場合は、財政の民主主義統制に基づき、予算編成は行政内部で完結せず、立法・議会における審議・議決を要するという点で外部報告、アカウンタビリティと一体的な部分を有する（山本, 2016）。発生主義会計の会計情報の利用実態や有用性の分析を通じて、発生主義会計制度導入の妥当性を考察しようとするアプローチは、山本（2016）が整理しているように、山本ら自身が行った政府関係職員を対象とする調査や先行して公的部門に発生主義会計を導入した国の実証研究でも、現実の発生主義会計情報の利用は制度を導入しても進んでいないことを示すものが多く、情報利用の効果に関する経験的証拠は十分ではない（山本, 2016）。

(3) 東京都方式によるマネジメント志向の新公会計制度導入の取り組み

　本章において検討する吹田市は、総務省の統一的な基準に先んじて複式簿記・発生主義会計を導入した。吹田市の導入した会計制度は基本的な考え方や構造において東京都が取り組んできた新公会計制度をベースにしたものであるという点で、東京都の公会計制度の考え方を整理しておく必要がある。

　東京都は、図表1のような経緯で新公会計制度を導入した。総務省が基準モデルを示し、財務諸表4表の整備を自治体に求めたのが2007年（平成19年）であることをふまえると、東京都は基準モデルに先行し検討していたことになる。

図表 1　東京都における新公会計制度の取り組み経緯

年月	内　容
1999（平成 11）年 7 月	「機能するバランスシート」として財務諸表（貸借対照表、行政コスト計算書、キャッシュ・フロー計算書）を公表
2005（平成 17）年 8 月	「東京都会計基準」の策定・公表
2006（平成 18）年 3 月	新財務会計システムの稼働
2006（平成 18）年 4 月	新公会計制度の導入
2007（平成 19）年 9 月	新公会計制度による初の財務諸表（平成 18 年度決算）を公表し、決算参考資料として都議会に提出
2007（平成 19）年 11 月 ～ 2008（平成 20）年 2 月	自治体を対象に「東京都の財務諸表等に関する説明会及び個別相談会」を開催
2008（平成 20）年 10 月～	「東京都方式簡易版」（（注）　地方財政状況調査（決算統計）の数値を用いて、東京都会計基準に準拠した財務諸表を簡易に作成できる様式）を作成し、各自治体に提供、大阪府が使用
2009（平成 21）年 6 月 ～ 11 月	大阪府における新公会計制度導入に伴う支援として、職員の相互派遣を実施
2010（平成 22）年 11 月	大阪府と共同で「公会計改革白書」を作成し、「公会計制度改革シンポジウム」を開催
2011（平成 23）年 12 月	「新公会計制度普及促進連絡会議」及び「東京都会計制度改革研究会」を発足

東京都（2012）をもとに筆者作成

　東京都の取り組みは、東京都が積極的に対外的な説明会を開催したこともあって、総務省の基準モデル、改訂モデルが公表された後も、大阪府、吹田市など他の自治体の中に東京都方式を参考にする自治体が現れた。

　東京都では、2005 年に策定された「東京都会計基準」の前に、1999 年に官庁会計を補完するために普通会計決算を発生主義の観点から組み替えた「機能するバランスシート」を作成した。これは、東京都全体の財務状況を明らかにするために作成する普通会計・連結バランスシートに加え、個別の事業についてバランスシートを作成したものである。個別事業の財務状況、コスト状況等を明らかにし、財務的な行政評価指標を明らかにすることで、事業の問題点を明らかにしようとした（東京都 2001，32）。会計情報を事業ごとのマネジメン

目的＼視点	マクロ（都財政）	ミクロ（事業別）
マネジメントの強化	都財政全体の分析 ・新たな分析手法による「財政の持続可能性」の評価など	個別事業の分析 ・マネジメントサイクルの確立 ・個別事業の分析と評価
アカウンタビリティの充実	都財政運営の説明 ・都財政全体の財務情報の提供	主要な事業の実施状況の説明 ・個別事業の財務情報の提供

東京都（2010）

トに活用しようとする考え方は、東京都会計基準策定においても重視され、その結果、会計別、局別、項別、目別といった予算科目にそって作成される部分と、マネジメント重要な施設や事務事業単位で設定する「管理事業」単位での財務諸表作成が行われることになった。また、予算における活用を重視した結果、決算公表と同じタイミングで貸借対照表を含む財務諸表を公表することが重視された。このように、事業別のマネジメントに会計情報を活用すること、また、次年度予算の編成課程で会計情報を活用することが重視されている点で、東京都方式はマネジメントの視点を重視したものとなっている。このような考え方は、少なくとも新公会計制度普及促進連絡会議に参加した自治体が導入した公会計制度に影響を与えている。

　東京都における財務諸表活用の基本的な考え方は、「マネジメントの強化」と「アカウンタビリティの充実」にあり、これらの目的に対して、マクロレベル（都レベル）とミクロレベル（事業別）の財務諸表が活用されると説明されている。ミクロの視点として位置づけられる事業別財務諸表は、アカウンタビリティ、マネジメント強化両面の役割があると考えられている（図表2）。

　公会計情報をマネジメントに活用するという考え方は、東京都方式を参考に独自の新公会計基準を導入した他の自治体にも見られる。そして、予算審査と各部のマネジメントにおいて重要とされるのが、課別、主要事業別のセグメン

ト財務諸表（事業別貸借対照表、行政コスト計算書）である。マネジメントの視点は部門や事業に焦点が当たるため、セグメント別の財務諸表作成は、吹田市を含め新公会計制度普及促進連絡会議参加団体が導入した新公会計制度の特徴の一つである。

4. 吹田市における新公会計制度の取り組み

(1) 吹田市の事例と考察の概要

　吹田市は、大阪府の北部に位置する面積 36.09 平方㎞、人口 369,898 人（2016年 12 月現在）の施行時特例市である。2017 年度当初予算一般会計の規模は1,272 億円である。2016 年度決算は、一般会計等の実質収支は黒字であり、経常収支比率は 95.2％、財政力指数は 0.97 と、大阪府下の市町村の中ではトップクラスの優良な財政力である。

　ただし、わが国の多くの自治体と同様、歳出に占める社会保障関係費は増加傾向にあり、また、少子高齢化による生産年齢人口の減少による市税収入の減少傾向が懸念される中、市所有の公共施設の更新、維持管理費の財政負担が課題となっている。吹田市は、1960 年代から北部の千里ニュータウンの住宅開発によって人口が急増したため、公共施設も 1970 年代前半をピークに 1980 年代後半頃まで比較的多くの整備が続いた（吹田市，2015，116）。今後多くの公共施設が更新時期を迎えていくため、日常的な維持管理や老朽化した施設の更新等を適切に行なうとともに、施設の複合化や集約化をはかるなど、総合的かつ計画的な管理に取り組んでいく必要に迫られている。

　吹田市では、公共施設に関する実態を把握するため、2013 年 3 月に小・中学校や図書館などの一般建築物に関して施設白書を取りまとめ、また、公有地に関しては利活用を行うための基礎資料として「吹田市公有地利活用の考え方」をまとめた。一般建築物については、施設白書をふまえ、2014 年 3 月に一般建築物の最適化に向けた取り組み方針を「吹田市公共施設最適化計画【方

針編】」としてまとめ、2016 年 3 月には、用途分類別の施設の方向性について「吹田市公共施設最適化計画【実施編】」としてまとめ個々の施設について検討するための準備を行った。

　他方、複式簿記・発生主義に関する検討は、2013 年度からはじまり、会計基準の制定と固定資産台帳の整備が行われ、2014 年度に本格稼働し 2015 年度に 2014 年度分の財務諸表を公表している。吹田市ではこの新公会計制度の導入に際し、インフラ資産も含めた公有財産について資産評価を行う必要が生じ、公有財産が固定資産台帳により貨幣数量として一元管理された。「吹田市の新公会計制度（案）」（2017 年）においても、公共施設最適化のマネジメントに活用することが期待されている。公会計制度に関する説明においては、「施設別の財務諸表を活用することで、個々の施設に帰属する維持管理経費や行政サービス実施に伴う経費、減価償却費など施設に係るフルコストを把握し分析することが可能になることから、実施計画や予算編成、行政評価等に役立てることができる」（吹田市，2017a，25）、と基本的な考え方が述べられている。ただし、同案においては、具体的にどのようなプロセスで公共施設の最適化が実現するのかについては明記されていない。

　「吹田市公共施設最適化計画【方針編】」（2014）においても、「将来世代の負担となる負債や減価償却費などの現金支出を伴わない費用について把握が可能となる仕組みとして導入を進めている大阪府モデルに基づく新公会計制度と連携し、その会計情報を公共施設最適化の推進に積極的に活用します」（吹田市，2014，13）、との方針が示されているが、公共施設マネジメントの観点からどのように公会計情報が活用されるかについては説明されていない。そこで、以下では、吹田市における公共施設マネジメントにおいて、そのプロセスとコスト情報などの会計情報がどのように活用されているかを明らかにすることで、公共施設マネジメントにおけるコスト情報を含む会計情報の活用意義と新公会計制度の導入における情報利活用との関連性について検討したい(注)。

(2) 吹田市における新公会計制度導入の経緯・概要

　吹田市は、2008 年度決算から総務省方式改訂モデルに基づき財務 4 表を作成してきた（図表 3）。そして、①企業会計に近い会計処理を日々行うことで

図表 3　吹田市における新公会計制度の導入スケジュール

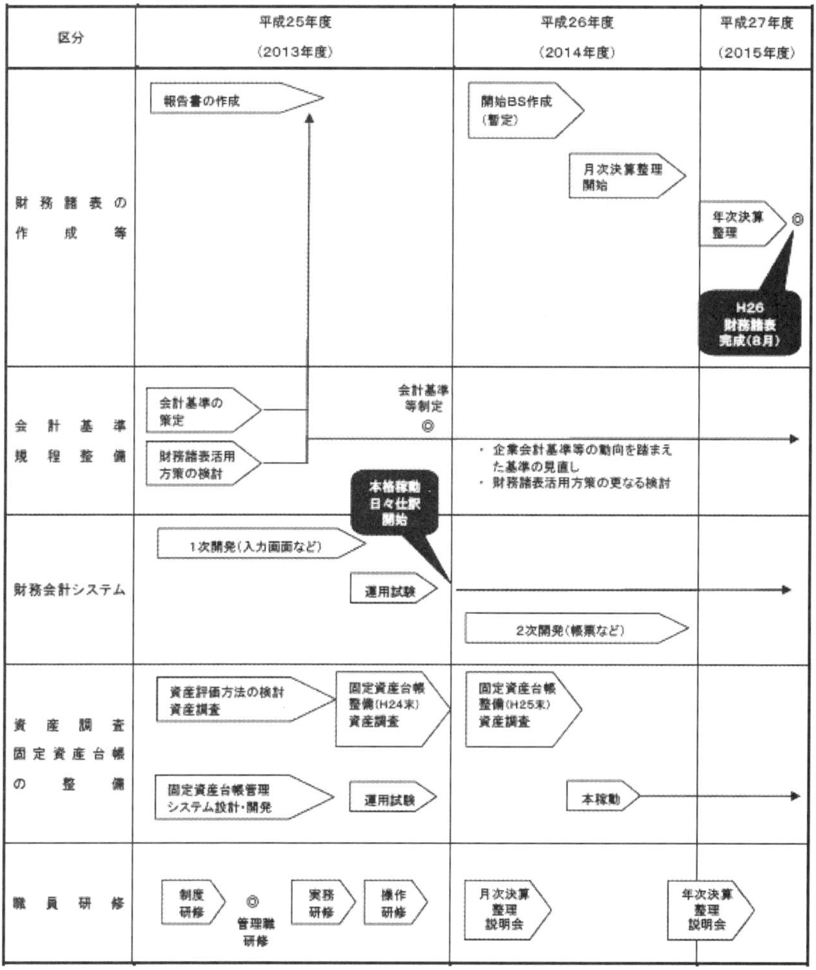

区分	平成25年度 (2013年度)		平成26年度 (2014年度)	平成27年度 (2015年度)
財務諸表の作成等	報告書の作成		開始BS作成（暫定）	
			月次決算整理開始	年次決算整理 ◎ H26財務諸表完成(8月)
会計基準規程整備	会計基準の策定	会計基準等制定 ◎	・企業会計基準等の動向を踏まえた基準の見直し ・財務諸表活用方策の更なる検討	
	財務諸表活用方策の検討	本格稼動日々仕訳開始		
財務会計システム	1次開発(入力画面など)	運用試験		
			2次開発(帳票など)	
資産調査固定資産台帳の整備	資産評価方法の検討資産調査	固定資産台帳整備(H24末)資産調査	固定資産台帳整備(H25末)資産調査	
	固定資産台帳管理システム設計・開発	運用試験	本稼動	
職員研修	制度研修　◎管理職研修　実務研修　操作研修		月次決算整理説明会	年次決算整理説明会

吹田市（2017a）

市民にわかりやすい精緻な財務情報を早期に公表できること、②フルコストで事業費を示すことで職員のコスト意識を改革すること、③ PDCA サイクルの確立により、翌年度の施策に有効な予算配分を行うといったマネジメントの強化が見込まれることから、2012 年に複式簿記・発生主義に基づく新公会計制度の導入を決定し、2014 年 4 月から新公会計システムをスタートさせた。2015 年 8 月に 2014 年度決算の財務諸表を作成している（吹田市，2017a）。

　導入はトップダウンの指示に基づいている。総務省基準方式、東京都方式、大阪府方式の検討がなされたが、市税を収入と考える方が市民にとってわかりやすいこと（東京都、愛知県、町田市も同様）、事業セグメント別管理が可能なことなどを考慮し、大阪府方式の導入を決定した。基本的なシステムは大阪府で導入されたものと同じであり（富士通 IPKNOWLEDGE 財務情報システム）、導入コストを抑えるためにカスタマイズを最小限に抑えた。

(3) 吹田市の公会計制度の特徴

　吹田市の公会計システムは事業別の財務諸表を基本の作成単位とし、組織別、会計別に集計していく方式を採用したため、約 1300 の予算事業を集約し、150 の管理事業単位を設定した（図表 4）。また、公共施設に関しては、「吹田市公共施設最適化計画」の推進において財務諸表を活用しやすくするため、個別の施設ごとに管理事業を設定した。基礎となる事業別財務諸表を部局単位で集約することで、部局長の管理責任に対応した部局別財務諸表が作成される。新公会計制度の適用範囲は、一般会計のほか、9 つの特別会計を含む。一般会計と特別会計を集約することで、各会計合算財務諸表（公営企業会計を除く市トータルの財務諸表）が作成される。

　事業別に財務諸表を作成するためには、管理事業単位ごとに人件費や公債費を計算する必要がある。吹田市では、人件費については、毎月の支出額をベースに職員数による按分計算を行い、公債費については一括管理されている元金、利子を各事業に配賦している（図表 5）。

図表 4　財務諸表の階層別構成

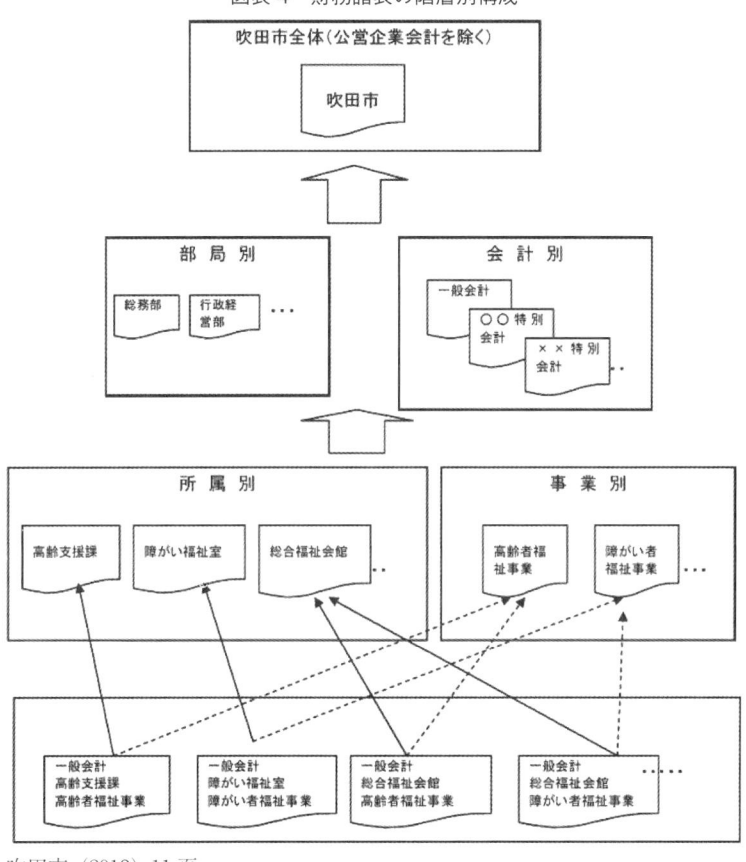

吹田市（2013）11 頁

　仕訳は、収入の調定時、支出命令時に行われる。業務を行う所管部門で入力が行われることで、職員の意識改革、財務諸表の実践的活用につなげるねらいがある。仕訳については、仕訳区分の選択（たとえば、業務委託費、実施設計委託料、資産計上対象のシステム開発費など）によって自動的に複式仕訳の情報が記録される仕組みを採用している。決算整理項目のうち、固定資産台帳資産価額と貸借対照表残高の照合、人件費、地方債の事業別配賦など月次に整理

図表5　地方債借入残高の配賦

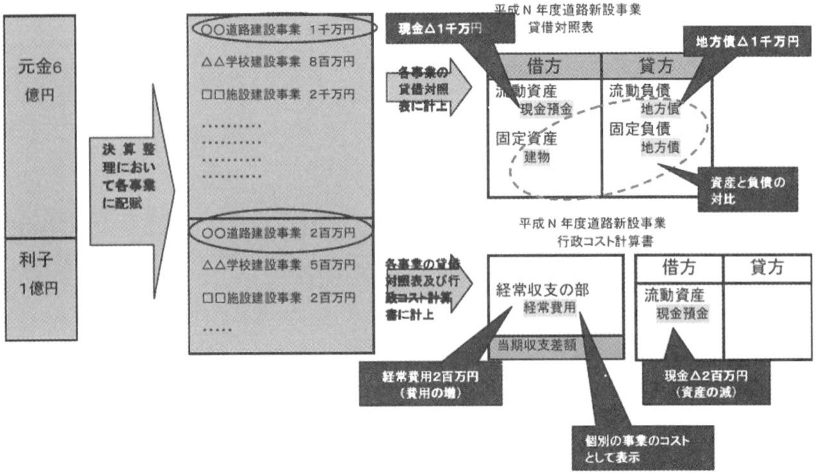

吹田市（2013）14 頁

することが可能なものについては月次決算整理を行い、年次決算整理作業の平
準化、財務諸表作成の早期化がはかられている。地方自治法に基づく公有財産
台帳で求められる資産と、固定資産台帳が求める追加的な範囲の資産（道路、
河川等）は台帳システムで一元管理されている。

(4) 財務諸表の情報活用について

　財務諸表の活用は、アカウンタビリティ利用とマネジメント利用の2つがあ
る。アカウンタビリティ利用においては、財務諸表の議会への提出、報告のほ
か、行政評価の事業管理を通じた決算審査における利用が期待された（図表
6）。マネジメント利用においては、公共施設マネジメントが重視されており、
後述する通り、各所管課が施設の更新を検討する段階から資産経営室が関与
し、最適化に向けた情報提供、提案を行っている。各所管課のマネジメントと
しては、次のような取り組みが期待されている。

　　・施設老朽化比率を算定し、施設の更新計画や大規模修理計画を作成する

図表6　人件費、減価償却費、引当金繰入額、公債費を含めたフルコスト情報

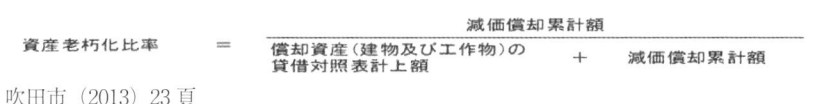

吹田市（2013）23頁

図表7　施設老朽化比率

※**固定資産の老朽化比率**

固定資産の老朽化比率とは、建物及び工作物など償却資産の取得価格に対する減価償却累計額の割合を計算することにより、資産の価値がどれくらい減少しているかを把握するもの

$$\text{資産老朽化比率} = \frac{\text{減価償却累計額}}{\text{償却資産（建物及び工作物）の貸借対照表計上額} + \text{減価償却累計額}}$$

吹田市（2013）23頁

（図表7）。

・フルコスト情報に基づいて使用料、手数料などの受益者負担の適正を検証し、議会や市民に説明責任を果たす。

・世代間の負担割合の公平性を確保し、持続可能な財政運営をはかる。

また、実施計画の策定や予算編成における資料として活用することも期待されており、事業別予定貸借対照表、事業別予定行政コスト計算書の作成の検討やフルコストの視点で費用対効果を検証し、財源の有効活用を図る判断材料とすることが期待されている。

　新公会計制度の導入は、会計室が中心に導入を行っているが、図表8の通

図表8　推進体制

会計室
〈新公会計制度庁内連絡会議座長：会計管理者、新公会計制度担当〉

重要事項の報告、依頼等

制度運用、研修に係る通知

連携・調整

PJMO（プロジェクト・マネジメント・オフィス）
〈全体的な進捗・リスク等の管理、課題整理等を行う〉
企画政策室長
情報政策室長
【事務局】情報政策室

新公会計制度庁内連絡会議
〈全庁的な情報共有、調整等を行う〉
各部局次長

重要事項の周知

会計室
（財務会計システム再構築プロジェクトチーム）
〈システム開発、進捗管理等を行う〉

新公会計制度総括推進者会議
〈制度運用、研修等に係る部内への周知など〉
各部局庶務担当室課長、事業担当室課長

指示・調整

会計基準や財務諸表活用方策等に係る調査研究、協議、提案

新公会計制度推進者
〈制度運用、研修等に係る所属内への周知など〉
各所属担当者

新公会計制度導入推進作業部会

財務諸表活用検討部会
〈マネジメントへの活用方策の検討〉

会計基準策定部会
〈財務諸表作成基準等会計基準の立案〉

研修部会
〈職員研修の企画・実施〉

公有財産調査部会
〈公有財産の調査、評価方法等の立案〉

インフラ等資産調査部会
〈インフラ資産の調査、評価方法等の立案〉

企画政策室、**財政室**、資産経営室、会計室、人事室、事業所管部

企画政策室、財政室、資産経営室、**会計室**

人事室、企画政策室

資産経営室、こども部、住宅政策室、学校管理室、地域教育部

道路公園部、資産経営室、環境部、下水道部

※下線部は部会長である部・室

吹田市（2013）27 頁

り、円滑に制度を導入し活用をはかっていくために各種の部会から構成されている。新公会計制度にとって固定資産台帳の整備が重要となるため、一般建築物を主に管理対象としている資産経営室のほか下水道部などの関連部門が作業部会において関与している。

　財務諸表の活用主体は財政室（当時）であるが、行政評価や公共施設マネジメントと関連し、また、事業所管部における活用も考慮する必要があるため、関連する各部門が連携できる体制となっている。

5. 吹田市における公共施設マネジメントの取り組み

(1) 吹田市における公共施設マネジメントと組織体制

　吹田市では、2017年3月に「吹田市公共施設総合管理計画」を公表し、市有の公共施設全体の実態と方向性についてとりまとめを行っている。資産経営

図表9　一般建築物に関する計画の検討経緯

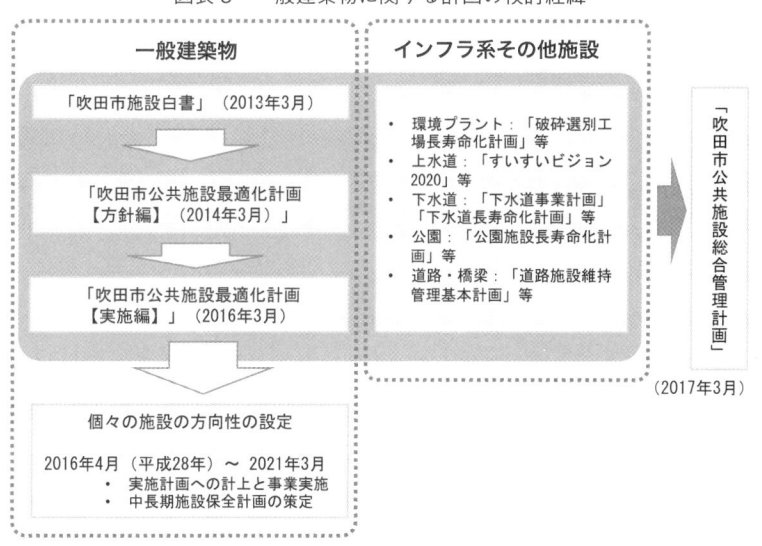

吹田市（2016）、（2017b）をもとに筆者作成

室が所管する施設は一般建築物であり、一般建築物の現状把握を行った「吹田市施設白書」、公共施設最適化の基本方針を示した「吹田市公共施設最適化計画【方針編】」(2014)、用途分類別の施設の方向性を示した「吹田市公共施設最適化計画【実施編】」(2016)の検討に基づいている（図表9）。

「吹田市公共施設最適化計画【方針編】」(2014)では、図表10の通り、一般建築物に関する共通の基本方針と取組方策が明らかにされている。

そして、「吹田市公共施設最適化計画【実施編】」(2016)では、まず、市の一般建築物を（A）庁舎、小・中学校などの拠点施設、消防等の防災・救急等の施設、火葬場等のインフラ・プラント施設から構成される建物保有の必要性がより高い施設と、（B）民間や地域による運営の可能性や利用状況に応じて

図表10　一般建築物最適化推進の基本方針および取組方策

一般建築物最適化推進の基本方針	一般建築物の最適化推進に向けての取組方策
●総合的・計画的な維持保全及び施設機能の向上	・施設の長寿命化の推進 ・社会的要請に対応した施設機能の向上 ・施設の効率的な維持管理手法の検討
●市民ニーズ・地域特性に対応した公共サービスの最適化	・市民ニーズ・地域特性への対応と財政負担軽減の両立 ・施設保有・運営方法に着目した公共サービスの再構築
●市民の利便性、施設の効率性を高める施設の複合化	・施設の有効活用による市民サービスの向上 ・複合施設の効率化に向けたルールづくり
●施設総量の最適化に向けた目標設定と新規施設整備のルールづくり	・総量最適化の目標値の設定 ・将来の転用可能性確保の原則化 ・ライフサイクルコストの縮減に配慮した施設整備の推進 ・新たな事業手法などの検討の原則化
●健全財政維持のための会計情報や新たな財源の活用	・新公会計制度との連携 ・公有地などの売却収入の財源化 ・将来を見据えた基金の創設

吹田市（2014）をもとに筆者作成

施設の統廃合や複合化を検討するその他の施設に分類している。そして、個々の施設を、行政施設（庁舎、出張所、消防等）、文化・交流施設、社会教育施設、子ども・子育て支援施設、学校施設、社会福祉関連施設、住宅施設、交通施設（駐輪場等）、環境関連施設（火葬場、環境啓発施設）、その他（地区集会

図表 11　施設評価の項目

分類	項目
サービス	①設置目的、②代替性、③地域性、④利用状況、⑤施設状況
建築物	⑥耐震性能、⑦機能性（バリアフリー）、⑧経年状況（築年数・保全状況）
コスト	⑨維持管理費、⑩事業運営費

吹田市（2016）をもとに筆者作成

図表 12　施設評価の項目

評価項目	内容
①設置目的	施設を設置する根拠となる法律や条例で定められた設置目的が、現在の施設の運営状況と合致しているか
②代替性	民間施設も含めて、利用実態が近似している施設があるか
③地域性	施設設置時に想定した利用圏域と実態が乖離していないか
④利用状況	利用率・延床面積当たりの利用者数等
⑤施設状況	施設全体の規模や室状況（仕様・性能等）が利用に適しているか
⑥耐震性能	耐震化の実施状況（耐震化促進計画に基づき点数化
⑦機能性	バリアフリー化の状況
⑧-1 経年状況（築年数）	建築物の経過年数（平成27年度（2015年度）を基準の年度とする。）
⑧-2 経年状況（保全状況）	建物の屋根・外壁について、建設時または前回更新時からの経過年数を評価し、それぞれの評価点を平均する。
⑨維持管理費	光熱水費など毎年発生する維持管理の状況（維持管理費÷延床面積）
⑩事業運営費	人件費など毎年発生する事業運営費の状況（事業運営費÷利用者数等）

吹田市（2016）23-25頁をもとに筆者作成

図表 13　レーダーチャートによる可視化

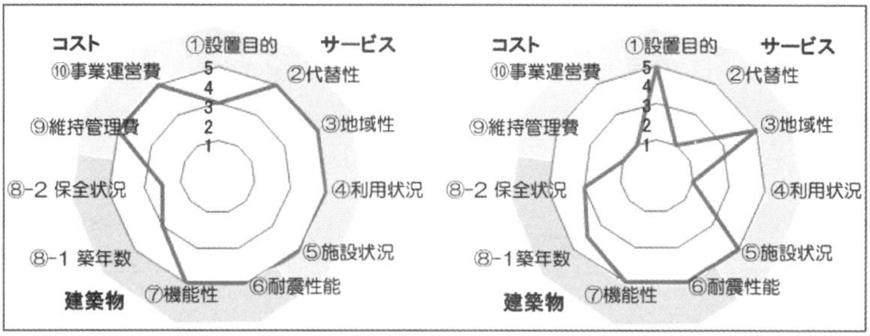

吹田市（2016）26 頁

所）に分類し、施設ごとに、サービス、建築物、コストの観点から評価を行ったうえで、分類ごとの施設の課題（経年劣化が進んでいるなど）と方向性（大規模修繕の必要性など）を明らかにしている。評価項目は、図表 11・12 の通り、10 項目から構成されており、各項目別に評点がつけられレーダーチャートで可視化されている（図表 13）。この「吹田市公共施設最適化計画【実施編】」をふまえ、2016 年度から 2020 年度までの「中長期保全計画」の策定と個別の施設についての具体的な検討が進められている。

　吹田市では、公共施設の最適化の実効性を高めるために組織体制を整備した。それは、行政経営部の中に設置された「資産経営室」と、全庁的な委員会組織である、「吹田市公共施設最適化推進委員会」である（図表 14・15）。

　資産経営室は、2012 年 4 月に財政部管財課、都市整備部建築課を再編し、政策推進部行革担当の一部が加わり、行政経営部の中に設置された組織である。資産経営室は、主に技術系の職員で構成される、建築計画グループ、設備計画グループ、技術系職員と事務系職員で構成され、最適化に向けた具体的な検討を行う最適化グループ、主に事務系職員で構成される資産グループから構成されている。施設や設備投資の金額に大きな影響を与える設計機能と資産管理の機能、そして、資産最適化を推進する機能を一つの組織内に集約されている。また、2016 年 4 月からは、教育総務部学校管理室が編入され、全市的に

図表 14　資産経営室の組織上の位置づけ

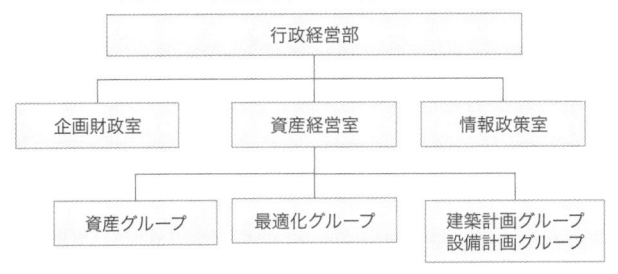

吹田市（2017b）保木本（2017）をもとに筆者作成

図表 15　公共施設最適化推進委員会と新公会計制度導入推進
　　　　作業部会の関係

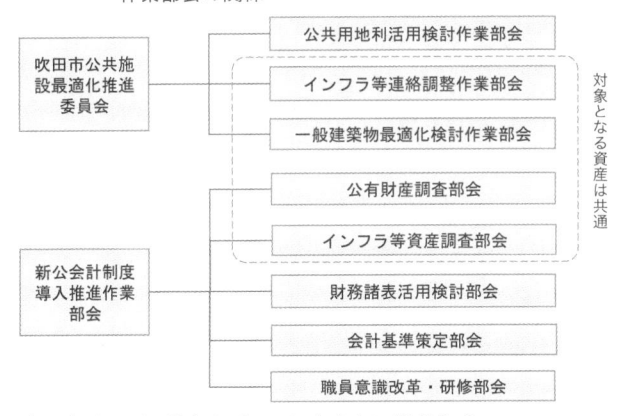

吹田市（2017）保木本（2017）をもとに筆者作成

公共施設マネジメントを推進できる組織体制となった。

　この資産経営室は、新公会計制度導入において設置された、「新公会計制度導入推進作業部会」を構成する、「財務諸表活用検討部会」、「会計基準策定部会」「研修部会」、「公有財産調査部会」「インフラ等資産調査部会」の5部会のうち、「研修部会」を除く4部会に関与している。資産経営室が財政部管財課の有していた資産管理機能を有しており、期間限定的あるいは兼任メンバーから構成されるタスクフォースではなく正規の部門として業務を行っていること

から、組織体制上は、資産経営室が公共施設マネジメントと新公会計制度を継続的かつ実質的に結び付ける役割を担っている。

(2) 資産経営室の業務機能とマネジメントのプロセス

　2017年7月時点の資産経営室の公共施設マネジメントに関わる業務は、大きく次の2つにある。

　　・「吹田市公共施設最適化計画【実施編】」に基づく、371施設の中期保全計画の策定と保全等に関わる一元管理
　　・個々の施設の新設、更新等の事業実施に関わる事前協議

　一つは、個別施設の中長期保全計画を策定し、資産経営室が主体的かつ一元的に計画保全を実施できるようにしようとするものである。従来は、施設所管課が主体的に維持管理を行っていたため、計画的な点検、補修が十分実施されず、雨漏り等の問題が生じた際に場当たり的に修繕するため、計画的な点検補修をしていれば小さな金額で補修可能であったものに多額の補修費が生じるようなケースがあった。資産経営室が各施設について保全計画を策定し定期的な点検等を行うことで、施設の状況に応じて補修の前倒し先送りを行い、市全体として効率的な維持管理が可能になる（図表16）。

　「吹田市公共施設最適化計画【実施編】」では、用途分類別の方向性と、サービス、建築物、品質の観点から、①設置目的、②代替性、③地域性、④利用状況、⑤施設状況、⑥耐震性能、⑦機能性、⑧-1築年数、⑧-2保全状況、⑨維持管理費、⑩事業運営費の観点から施設の評価が行われている。資産経営室では、2017年度中に個別施設の中長期保全計画の策定を予定しており、市有建築物保全システムに基づいて情報が一元化されることで、一般建築物に関しては資産経営室が主体的に計画保全を実施できるようになった。

　二つは、新設、更新等の事業について、事業実施に当たり施設所管課と事前協議を行い、事業実施方法、仕様、材料等の代替案の検討等を通じて、設備投資の最適化をはかろうとするものである。

図表 16　市有建築物保全システムによる施設の一元管理と役割分担

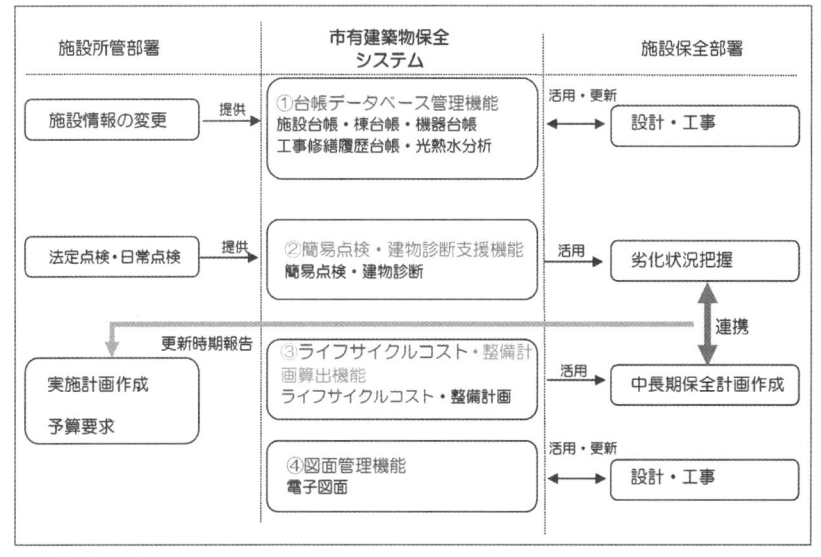

吹田市（2016）14 頁

　資産経営室は、公共施設の予算権限や財政査定の権限は有していない。施設の新設や更新は、各所管課の実施計画の中で位置づけられ、新設、更新等の時期が到来すると概算要求を行い、一般の事業と同様、予算編成過程において企画財政室、市長査定等の査定を受けた後に次年度予算案に組み込まれる（図表17）。つまり、概算要求や予算執行の権限、施設管理の責任は施設所管部門にあり、予算査定の権限は企画財政室にある。

　事前協議制度は 2013 年度、事前協議シートの提出は 2015 年度に始まった。原則として資産経営室と事前協議をしたものでないと、企画財政室は予算編成の対象としないルールとなっている。事前協議は、資産経営室での協議の後、案件の内容により、「吹田市公共施設最適化推進委員会」で方向性を確認した後に予算編成過程において企画財政室が次年度予算案に組み入れていくことになっている。事前協議のプロセスでは、後述する通り、設備投資やその内容

図表 17　更新等における施設所管部署と施設保全部署の役割分担

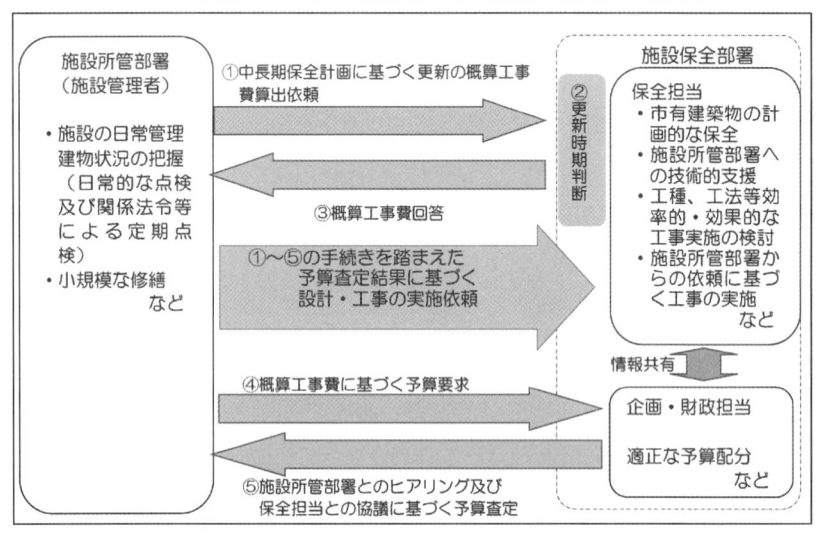

吹田市（2016）15 頁

（仕様等）の妥当性について資産経営室と所管部門との間で協議され、その内容が施設の仕様や建設自体に影響を与えていることから、吹田市の公共施設マネジメントの本質的な機能は、市有建築物保全システムに基づいて情報を一元化し、既存の建築物について計画保全を実施するプロセスと、事前協議シートに基づいて所管部門と資産経営室が協議するプロセスにあるといえる。

　通常の予算要求のプロセスでは、施設所管課が設計部門に対して施設の仕様を伝え、設計部門は所管課の要求にしたがって概算要求書に必要な詳細仕様や見積額の資料を作成する。施設所管課が予算編成スケジュールにしたがって概算要求し、企画財政部門が予算ヒアリングを行う場合、予算編成やサービス提供のスケジュールの都合上、事業の再検討や仕様の変更は困難であり、また、建築、設備に関する技術的な専門知識を十分持たない査定者が、その妥当性を短期的に合理的に評価することは実際には困難である。

　つまり、意思決定のプロセスからみれば、資産経営室が所管部門の概算要求

図表18　公共施設最適化のための検討プロセス

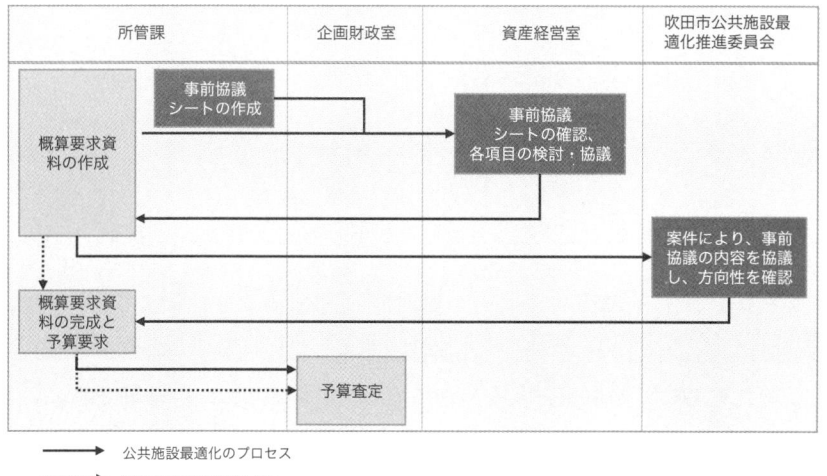

| 所管課 | 企画財政室 | 資産経営室 | 吹田市公共施設最適化推進委員会 |

公共施設最適化のプロセス
通常の予算要求プロセス

インタビューをもとに筆者作成

前に関与することで、これまでは所管課主体で進めていた基本仕様等の資料作成過程に影響を与え最適化をはかる新たなプロセスが構築されたことになる（図表18）。

(3) 事前協議と管理情報

(1) 事前協議の概要

　事前協議は、2013年から行なわれており、毎年各室長に対して要請が行なわれている。2016年の場合、2016年7月に各室課長に対し「一般建築物に係る建設事業の事前協議の実施について（通知）」として要請された。対象は、2017年度〜2021年度実施計画に掲げられた事業実施に関わる普通建設事業のうち、2013年に作成された施設白書の対象となった一般建築物の新築、増改築、改修などを行うための設計、工事、用地取得のほか、リース契約により施設を取得するなどとされた。

事前協議では、以下の4つの資料を提出する必要があり、「事前協議ヒアリングシート」のほか、根拠となる資料を提出する必要がある。
　　　・事前協議ヒアリングシート
　　　・事業計画表
　　　・事業の内容・積算等説明資料
　　　・ヒアリングシートに記入した内容の根拠資料

　ヒアリングシートは、大きくは、「第3次総合計画」と「吹田市公共施設最適化計画【実施編】」との整合性を確認する部分と（項目1、項目2）、公共施設最適化に向けての取組方策を検討する部分（項目3）から構成されている（図表19）。
　「吹田市公共施設最適化計画【実施編】」で認識された課題との整合性を確認することで、建替えの時期や方向性が妥当であるかをチェックすることができる。

(2)　公共施設最適化に向けての取組方策の検討内容
　事前協議シートの「公共施設最適化に向けての取組方策」は、財務の視点、供給の視点、品質の視点の3項目から構成されているが、必ずしもすべての項目について所管課だけで記入できるものではなく、資産経営室のサポートが必要な項目が含まれている。
　財務の視点をみると、ライフサイクルコストの検討を含む施設の長寿命化の検討では、実際に長寿命化が可能な施設か、どの程度の長寿命化が可能かについての技術的な評価やライフサイクルコストの計算は、資産経営室のサポートを必要とする。また、複合化については、どのような施設との複合化が可能であるのかについて、他の施設に関する知識や情報が必要となる。さらに、長寿命化や複合化は所管課の意向と合わない可能性がある。長寿命化の場合、建物の基本的な構造やユーティリティの変更が難しく、たとえば天井高をより高く

図表 19　事前協議シートの検討項目

1.　事業実施の緊急性や必要性 　第3次総合計画との関連性
2.　吹田市公共施設最適化計画【実施編】との整合について
（1）レーダーチャートから見られる施設の主な課題 　①サービス（設置目的、代替性、地域性、利用状況、施設状況） 　②建築物（耐震性能、機能性、経年状況） 　③コスト（維持管理費、事業運営費）
（2）用途分類別の施設の方向性と事業内容の整合性について
3.　公共施設最適化に向けての取組方策
（1）財務の視点（修繕更新・建替費用の抑制、新たな財源確保） 　①施設の長寿命化（ライフサイクルコストの検討を含む） 　②施設規模の適正化（複合化など） 　③新たな財源の確保（土地売却収入の財源化や基金の設置など） 　④補助金等の有無 　⑤事業費の適正性（算出根拠等）【経済性】【効率性】 　⑥その他 　上記項目に関する考え方〔　　　　　　　　　　　〕
（2）供給の視点（多様化する市民ニーズ・地域特性への対応） 　①市民ニーズ・地域特性へ対応する内容か【有効性】 　②市の関与のあり方が適正か【妥当性】 　③施策・政策課題の推進に効果があるか【妥当性】 　④サービスの対象者は適正か【公平性】 　⑤サービスの水準は適正か【公平性】 　⑥その他 　上記項目に関する考え方〔　　　　　　　　　　　〕
（3）品質の視点（施設機能の維持・向上） 　①耐震化・防災機能の強化 　②環境対策（省エネ対応、ヒートアイランド対策など） 　③バリアフリー対応 　④その他社会的要請事項 　⑤①〜④に対する市民からの要望事項【有効性】 　上記項目に関する考え方〔　　　　　　　　　　　〕
（4）その他
（1）事業手法は適正か（公民連携の事業手法の導入可能性など）【効率性】 　上記項目に関する考え方〔　　　　　　　　　　　〕
（2）府内特例市等の類似事業との比較・分析をしているか【持続可能性】 　上記項目に関する考え方〔　　　　　　　　　　　〕
（3）他の庁内会議での結果や予定について 　上記項目に関する考え方〔　　　　　　　　　　　〕
（4）近隣市との連携について検討をしているか 　上記項目に関する考え方〔　　　　　　　　　　　〕

吹田市インタビューをもとに筆者作成

することは困難であり、一定の我慢を強いられる。また、施設を複合化する場合、施設の場所が変更になる場合は、担当課は現在の利用者に納得してもらうための追加的な調整業務が発生することになる。

供給の視点では、市民ニーズやサービスの品質水準に関しては、サービスの利用者により近い所管課の方がより多くの情報をもっている可能性がある。サービスの提供量や水準の妥当性は、他の自治体が同様のサービスを提供していれば比較可能であるが、比較できなければ妥当性評価は難しくなる。また、市の関与の在り方について、民間等に事業を移管することは、所管課にとって抵抗感が大きいかもしれない。たとえば、直営の施設について、建替を機に民間事業者に運営を委ねるような場合、所管課は民間事業者が提供する維持管理を含めたサービスの質について間接的にコントロールする必要が生じ、また、利用者に対する説明責任も必要となる。

品質の視点は、施設を通じて提供するサービスの質に影響を与える施設機能に関する事項であり、利用者の安心・安全に関わる耐震化、防災機能、環境対策、バリアフリー等に関わるものである。市民からの要望は所管課が把握可能であるが、施設機能評価に関わる事項は技術的な評価に関わるため、現状の評価や機能向上の可能性の検討においては資産経営室のサポートを必要とする。

6. 吹田市の取り組み成果と課題

(1) 吹田市における公共施設マネジメントの成果

資産経営室が「吹田市公共施設最適化計画【実施編】」に基づいて、個別施設の計画策定に本格的に着手したのは 2016 年 4 月からであり、また、事前協議制度がスタートしたのは 2013 年 8 月であった。このため、2017 年 7 月時点において、多くの実績が蓄積されている訳ではないが、次のような点で成果を検討することができる。

　・維持補修における計画修繕への移行

・事前協議による施設最適化への移行

・会計情報の精緻化

(1)-1 維持補修における計画修繕への移行

　計画修繕に移行した効果は4つある。一つは、計画的な補修等を実施することで、雨漏り等の問題が発生し追加的な修繕工事費の費用が発生するのを回避できることである。二つは、利用料金を徴収する施設の場合、事後的な補修によって復旧まで会議室等が利用できない場合、収入の機会を失うことになるが、これを回避できることである。三つは、建物外壁の維持管理が適切に実施されていない場合、建物の劣化を促進させることで施設の寿命を縮め、改修時の補修費用が大きくなることや大規模改修や建替時期を早めざるを得ない可能性があるが、これを回避できることである。四つは、計画された補修時期に資産経営室の技術者が現場を確認することで、現況を確認し技術的に不要な補修を先送りできることである。

　2013年度以降、経年劣化状況に基づいて、早期に対応をしなければならない施設については優先的に修繕工事を実施してきた。計画的な修繕の実施効果は短期的に評価することは難しいが、長期的には面積当たりや分類別施設の平均修繕費用の低減が評価可能である。事例としては、屋上防水が適切に点検、補修されなかったことにより建物内部に雨水が入り、屋上の天井等の修繕を要した事例があった。市の施設は全体として老朽化が進んでおり、同様の問題が発生の可能性が高まっていることを考慮すれば、このような事後的な修理対応の費用を削減することができる意義は大きい。

(1)-2 事前協議における施設計画最適化への移行

　事前協議については、いくつかの事業について検討が行われた。

　　①改修工事の例

　改修工事の事例では、S造（鉄骨造）のほか、RC造（鉄筋コンクリート造）

との比較検討が行われ、両者についてライフサイクルコストの試算と検討が行われた（図表20）。

　運用費及び修繕費は、国土交通省大臣官房官庁営繕部監修『建築物のライフサイクルコスト』の平米単価に基づき、耐用年数は大蔵省令『減価償却資産の耐用年数等に関する省令別表』に基づいて試算されている。建設費、運用費、修繕費いずれにおいてもRC造の価格の方が高いが、耐用年数において、RC造はS造に比べて1.38倍長いため、年当たりのコストにおいてはRC造の方が安くなる。基本的に長期間維持する方向性が明確である施設では、長期使用を前提とした計算は合理性があり、実際の耐用年数を考慮すると長期使用に耐えることができるRC造の方がさらに有利である可能性が高いと評価された。

　初期投資の建設費のみで評価すると、単年度の歳出額はS造の方がやや小さくなるため、単年度の歳出額をなるべく小さくすべきとの観点では、S造が選択される可能性がある。しかし、ライフサイクルコストや施設の特性を考慮することで、より合理的な意思決定を行うことができる可能性があることがわかった。

図表20　S造とRC造のライフサイクルコストの比較

	S 造 （鉄骨造）	RC 造 （鉄筋コンクリート造）
設計費（S造を1とする）	1	1
建設費（S造を1とする）	1	1.035
運用費（S造を1とする）	1	1.382
修繕費（S造を1とする）	1	1.704
解体費（S造を1とする）	1	1
耐用年数（税法基準）	34 年	47 年
年間当たりコスト （S造を1とする）	1	0.809

吹田市インタビューをもとに筆者作成

②新規の施設整備（市が直接建設する方式とリースを利用するケース）

新規に施設を建設するケースでは、市が直接建設する方式と民間事業者が建設し市がリースを利用する方式が検討された。リース方式は、市にとっては億単位の初期投資額を必要とせず、毎年のリース料の支払いで済み、建設期間も短縮できるメリットがある。他方、リースの場合は、国等の補助金を利用することができない。また、金利リスクがあるため、中長期的にはコストが高くなる可能性もある。所管課としては初期投資負担が小さく工期も短いリース方式を採用する方が稟議を通しやすいが、資産経営室で検討した結果、財務的なリスクを考慮することができた。

(1)-3 会計情報の精緻化

資産経営室が一般建築物に関する修理等の保全業務と施設の新設、更新に関わるプロセスに関与するようになったことで、貸借対照表に計上すべき修繕に要した費用や、建物と付帯設備の切り分けと資産台帳への計上などにおいて、登録されるデータの精度を高めることができるようになった。このような会計情報の精度向上は、事業別や部門別、施設分類別、施設別と分析単位が細かくなればなるほど重要になる。

現在は新規の精度の高いデータを蓄積し始めた段階にあるが、精度の高いデータが蓄積されていくことで、たとえば、吹田市における公民館の平米当たり平均建設費や修繕費を計算することができる。汎用的な単価と比較することで事業計画の精度を高めることや、建築、維持に関してコスト低減の目標管理を行うことも可能になる。

(2) 公共施設マネジメントにおける会計情報利用とコストマネジメントにおける意義・課題

吹田市の公共施設マネジメントの主要な機能は、事後的修繕から計画保全への移行、事業の企画、設計段階における事前協議を通じた最適化にある。貸借

対照表の資産額やコストの数値は、施設の修繕、建替等の結果が会計的に認識され、「事後的に」示されるものであると考えると、吹田市の公共施設マネジメントは、検討段階に時間を遡って資産額やコストを作り込む一連の調整活動であると考えることができる。このような活動は、コストマネジメントにおける原価企画活動に類似した活動である。

　原価企画は、製造段階より上流に遡った開発・設計段階における原価低減活動である。原価企画は「原価発生の源流に遡って、VE（Value Engineering）などの手法をとりまじえて、設計、開発さらには商品企画の段階で原価を作り込む活動」（神戸大学管理会計研究会, 1992）と定義され、目標売価と目標利益により定まる許容原価の範囲内において、製品・部品に割り付けられる許容原価と、技術的に実現可能な原価低減とのすり合わせを経て設定される目標原価を達成しようとするものであると理解されている。原価企画活動は、会計的側面、VE の側面、組織的側面の３つの視点から理解することができる。吹田市の資産経営室における取組みは、原価発生の源流に遡った活動であり、ライフサイクルコストの計算により会計情報が利用され、また、部門横断的な取組みである点で共通点が見られるが、会計情報の活用において、修繕や設備に関わる標準的なコストテーブルは現段階では整備されておらず、また、原価低減目標も明確ではない。さらに、VE に関しては明確に建築 VE が意識され、導入されているとはいえない。しかしながら、事前協議の内容は、利用者ニーズに基づく行政サービスの質の維持・向上と経済性を両立させようとするものであり、資産経営室は会計的な評価、管理機能と設計技術者の評価に基づく技術評価の機能を両方有していることを考慮すると、原価企画活動の定義の要件を備えた体系的な活動に発展できる可能性があるといえる。

　現在の資産経営室における取組みは、固定資産台帳システムや市有建築物保全システムなどのデータベースを整備し、事前協議シートを使って源流管理に取組みはじめた段階であり、ライフサイクルコストの計算の体系化、品質を機能、コストに体系的に展開するプロセスが整備されているとはいえず、質とコ

ストの両立は資産経営室に所属する職員の意識や技量、ノウハウに依存した属人的な能力に依存している。このため、最適化に向けたマネジメントを仕組みとして定着させることができるかが課題である。

　他方、事後的な会計情報である新公会計情報の活用に関しては、これまで見てきたとおり、吹田市の公共施設マネジメントは、財務諸表数値の精緻化には貢献するものであるといえるが、公共施設マネジメントにおいて事後的な公表財務諸表の情報は十分に利用されていない。事前計算であるため、ライフサイクルコストの評価で使用されている会計数値は実績値ではなく国交省の標準単価や見積数値が利用されている。減価償却費に関連する耐用年数の前提においても、意思決定有用性が重視されており、議論の過程では実際使用可能と考えられる耐用年数も考慮されている。資産経営室では、固定資産台帳の原データ、市有建築物保全システムに蓄積された個別施設の原データを直接利用した計算に基づく検討に重点がおかれている。

　では、公共施設マネジメントにおいて、公表財務諸表の情報の利用可能性は低いのであろうか。公表財務諸表がアカウンタビリティに関連したものであることを考慮すると、施設間や都市間比較情報の公表によって、公共施設マネジメントに影響を与える可能性はある。すなわち、図書館事業や公民館事業といった事業別評価において、貸借対照表や行政コストが示され、施設間や都市間比較が行われる場合、計算の前提条件において多少の相違があるにせよ、自治体、施設間の数値に大きな差が認められれば、その差異について住民や議会に対して説明が求められる場合が生じる。単なる計算方法の違いではなく、コストが過剰になっている場合は是正を求められ、施設の更新や維持管理の方法に影響を与える可能性がある。つまり、アカウンタビリティを通じた公共施設の意思決定最適化の可能性は考慮すべきであろう。ただし、この場合、事業や主要施設ごとに会計情報を含む関連情報が開示されることが前提であり、事業別、施設別の会計情報には説明に耐えうる水準の精度が求められる。

7. さいごに

　吹田市における公共施設マネジメントの特徴は、事業の企画、設計段階に直接影響を与えようとするものであり、事前的な活動に焦点を当てたものである。ライフサイクルコストの見積もりが重視されている通り、将来志向であり、過去の実績データは必ずしも重要ではない。意思決定の有用性を考慮すれば、施設の耐用年数も実際の使用可能年数が重要であり、法定耐用年数にこだわる必要はなく、用途や使い方によって自由に設定することができる。このように考えると、会計情報の利用を検討するにあたっては公表財務諸表に基づくアカウンタビリティを通じた住民や議会による最適化のアプローチと、吹田市のように庁内において源流管理を組織的に行う事前的アプローチを分けて考える必要があろう。

　アカウンタビリティを重視したアプローチでは、町田市が取り組んでいるような事業別、セグメント別の財務諸表整備や、行政評価との統合化により住民や議会が適切に問題意識を持つことができるような充実した情報提供が重要になる。吹田市のような源流管理のアプローチの場合、データの一元化や維持管理機能の資産経営室への集約化、概算要求に至るまでの所管課での検討プロセスへの組織的介入、全庁的なチェックと意思決定を可能とするような組織体制、意思決定プロセスの構築が必要である。共通して言えるのは、自市にとって合理的な公共施設マネジメントが機能するような仕組みをデザイン、導入することであり、総務省の統一的な基準に基づく固定資産台帳は、公共施設マネジメントの一つのデータベースにすぎないということが吹田市の事例から理解することができる。もちろん、吹田市の事例は一つの事例であり、他自治体にとっても適当な方法であるとは必ずしもいえないが、自団体にとって、施設の整備、維持管理の最適化にとって必要な仕組みとは何かを考え、デザインしていくことが重要である。吹田市自身も、現状の仕組みを進化させていく可能性

があり、取組み成果については今後一定の時間が経過した段階で改めて評価する必要があろう。

参考文献

東信男．2001．「我が国の政策評価制度の課題と展望」『会計検査研究』24：103-126.

東信男．2005．「政策評価制度の課題と展望－政策評価法施行後3年を経過して－」『会計検査研究』pp.245-254.

兼村高文．2001．「自治体財政と発生主義会計」『都市問題』92（1）：41-51.

江頭幸代．2008．『ライフサイクル・コスティング』税務経理協会.

岡野憲治．2002．「ライフサイクル・コスティング－その方法と体系に関する研究－」『松山大学論集』第14巻第4号，pp.183-201.

岡野憲治．2003．『ライフサイクル・コスティング－その特質と展開－』同文舘.

神戸大学管理会計研究会．1992．「原価企画の実態調査（1）（2）（3）」『企業会計』44（5）：86-91，44（6）：74-79，44（7）：84-89.

小林健吾．1997．『予算管理講義』東京経済情報出版.

小林哲夫．1996．「ライフサイクル・コストと原価企画」『国民経済雑誌』第173巻3号，pp.1-13.

柴健次・松尾貴巳．2013．「公会計と予算制度改革」，小林麻里編著『公共経営と公会計改革』三和書籍2013：125-142.

吹田市．2013．『吹田市公有地利活用の考え方』吹田市.

吹田市．2014．『吹田市公共施設最適化計画【方針編】』吹田市.

吹田市．2015．『吹田市施設白書』吹田市.

吹田市．2016．『吹田市公共施設最適化計画【実施編】』吹田市.

吹田市．2017a．『吹田市の新公会計制度（案）』吹田市.

吹田市．2017b．『吹田市公共施設総合管理計画』吹田市.

総務省．2014a．『今後の新地方公会計の推進に関する研究会報告書』総務省.

総務省．2014b．『公共施設等総合管理計画の策定要請』総務省

総務省．2015a．『地方公共団体における統一的な基準による財務書類の作成予定』総務省.

総務省．2015b．『統一的な基準による地方公会計マニュアル』総務省.

総務省．2017．『統一的な基準による財務書類の整備予定等調査』総務省．(http://www.soumu.go.jp/main_content/000486584.pdf)

茅根聡．1991．「地方自治体会計の現状と改善への試み－ストック会計の導入を中心として－」『会計検査研究』4：37-53.

東京都. 2001. 『機能するバランスシート』東京都.（http://www.zaimu.metro.tokyo.jp/
syukei1/zaisei/BS_press.htm, 2016 年 7 月）

東京都. 2010. 『東京都における新たな公会計制度の活用』東京都.

東京都. 2012. 『東京都の財務諸表 - 平成 23 年度 -』東京都.

特別委員会. 2016. 『新しい地方会計の理論、制度、および活用実践』日本会計研究学会
特別委員会.

中島洋行. 2009. 「ライフサイクル・コスティングとホールライフ・コスティング」『産業
経理』第 69 巻 3 号, pp.96-106.

FM 推進連絡協議会. 2009. 『総解説　ファシリティマネジメント』日本経済新聞出版社.

古川俊一、北大路信郷. 2001. 『〈新版〉公共部門評価の理論と実際』日本加除出版.

保木本薫. 2017. 「公共施設最適化への公会計情報の活用～吹田市の事例」『地方自治職員
研修』701：29-31.

矢澤信雄. 2010. 『政策形成のためのライフサイクル・コスティング』大阪大学出版会.

山浦久司. 2016. 「地方公会計制度改革の経緯と現状と課題」『新しい地方会計の理論、制
度、および活用実践』日本会計研究学会特別委員会, 9-18.

山本清. 2001. 『政府会計の改革』中央経済社.

山本清. 2016. 「公会計制度改革に関する研究レビュー－発生主義情報の効果を中心にし
て－」『新しい地方会計の理論、制度、および活用実践』日本会計研究学会特別委員
会, 19-33.

吉田寛. 1980. 『地方自治と会計責任』税務経理協会.

Bouckaert, G., and B. G. Peters. 2002. Performance Measurement and Management: The
Achilles' Heel in Administrative Modernization. *Public Performance & Management
Review* 25 （4）: 359-362.

Grizzle, G. A. 2002. Performance Measurement and Dysfunction: The Dark Side of
Quantifying Work. *Public Performance & Management Review* 25 （4）: 363-369.

Guthrie, J., O. Olson, and C. Humphrey. 1999. Debating Developments in New Public
Financial Management: The Limits of Global Theorising and Some New Ways
Forward. *Financial Accountability & Management* 15 （3/4）: 209-228.

Hood, C. 1991. A Public Management For All Seasons? *Public Administration* 69
（Spring）: 3-19.

Hood, C. 1995. The "New Public Management " In The 1980s: Variations On A Theme.
Accounting Organizations and Society 20 （2/3）: 93-109.

Ittner, C. D., and D. F. Larcker. 1998. Innovations in performance measurement: trends

（118）

and research implications. *Journal of Management Accounting Research* 6: 205-238.

Ittner, C. D., and D. Larcker.2001. Assessing empirical research in managerial accounting: a value-based management perspective. *Journal of Accounting and Economics* 32（1-3）: 349-410.

Jardine, A. K. S. 2011. Optimizing Maintenance and Replacement Decisions, in Campbell, J. D., A. K. S. Jardine and J. McGlynn（eds）, *Asset Management Excellence Optimizing Equipment Life-Cycle Decisions 2nd ed.*, FL: CRC Press.

Kelly, J. M. 2002. Why We Should Take Performance Measurement on Faith（Facts Being Hard to Come by and Not Terribly Important）. *Public Performance and Management Review* 25（4）: 375-380.

Meyer, J. W. and B. Rowan. 1977. Institutionalized Organizations: Formal Structure as Myth and Ceremony. *American Journal of Sociology* 83 : 340-363.

Patton, J. 1978. An Experimental Investigation of Some Effects of Consolidating Municipal Reports. *The Accounting Review* 53（2）: 402-414.

Poister, T. H., and G. Streib. 1999. Performance Measurement in Municipal Government: Assessing the State of the Practice. *Public Administration Review* 29（4）: 325-335.

Sanger, M. B. 2008. From measurement to management: Breaking through the barriers to state and local performance. *Public Administration Review* 68 : 70–85.

謝辞

本事例作成に当たっては、吹田市役所行政経営部資産経営室 保木本薫氏、川本宏信氏にご協力頂いた。吹田市役所でのインタビューは 2016 年以降 4 回に及び、一回当たり平均 3 時間程度と長時間お話を伺うことができた。また、関西大学や早稲田大学で開催された研究会の機会においても意見交換等させていただくことができ、多くの時間を割いて頂いた。お二人にご協力がなければ、吹田市の資産マネジメントの取組みについて正しく理解することはできなかった。厚く御礼申し上げます。

第Ⅳ章　エビデンスに基づく政策と公会計

馬　場　英　朗

はじめに

　財政状況が厳しくなり、政府には厳しい歳出削減が求められているが、単に予算をカットするだけでは公共サービスの質と量を維持することができない。そのため、小泉政権（2001 〜 2006 年）では「官から民へ」、鳩山政権（2009 〜 2010 年）では「新しい公共」、そして現在の安倍政権（2012 年〜）では「共助社会づくり」という言葉を用いて、官のみが公共サービスを提供するのではなく、民間も公共サービスを担うとともに、地域住民が相互に支え合う仕組みを構築することを模索している。

　このような公共サービス改革は、1980 年代にイギリスなどで取り組まれたニュー・パブリック・マネジメント（NPM）に端を発している。NPM は公共サービスに市場原理を取り入れ、業績と成果に基づいて公共サービス市場に民間事業者が参入することを広く認めることによって、公共サービスの担い手の多様化と効率化を図るものであるが、「短期契約・協定、一般競争入札による高度な競争性と目先の調達価値確保が追求され、その弊害が広がっている」（北大路 2011、p.21）という批判もある。

　そのため、諸外国では近年、コスト削減のみを目的とするのではなく、一定水準以上の成果を出した場合に、行政からの支払いが行われる成果連動型契約（outcome-based contract）も導入されるようになっている。成果連動型契約は、イギリスでは Payment by Results（PBR）、アメリカでは Pay for

Success（PFS）と呼ばれているが、これらは単に「成果に応じた報酬を支払う」という支払条件を意味しているわけではなく、官民にかかわらず、より高い成果を有効かつ効率的に生み出せる組織が公共サービスを提供すべき、という公共調達の新しいスキームを表している。そして、官に代わって民間事業者が公共サービスを提供することになる場合には、それによって節約される財源を原資として、公的資金から報酬の支払いが行われるのである。

イギリスでは、2011 年にキャメロン政権が「開かれた公共サービス白書」（HM Government 2011）を公表し、公共サービス市場を広く民間に開放して、市民が自由に教育・福祉・医療などの公共サービスを選択する機会を与えることを試みている。このとき、民間事業者が公共サービスを提供することによって財政削減を達成できるのであれば、その節約額の範囲内で民間事業者に対して報酬を支払うことが認められる。したがって、成果連動型契約のスキームのもとで市民は、公共サービスを行政から受けるか、民間事業者から受けるかということを選択できるようになる[1]。

また、アメリカではオバマ政権のもとで、「事実に基づいた証拠をベースとする政策決定と政策評価（evidence-based policy, evidence-based evaluation）」を導入することによって、科学的に厳密なリサーチによる事実証拠（エビデンス）を基盤としたプログラムだけが採択・継続されて予算を獲得するとともに、有効でないプログラムについては改革や廃止を進めることが取り組まれている（上野 2015、p.2）。

したがって、成果連動型契約は公共サービス改革を推進するための一手法として、どのような政策プログラムが成果を生み出し、継続して公的資金を投入されるべきか、取捨選択する際の手段及び根拠として用いることが諸外国では試みられている。そして、公共サービス市場が民間事業者に広く開放されたことにより、ビジネスを通じて社会的課題の解決に取り組む「社会的企業」が広

---

1) イギリスにおける民間を活用した公共調達の仕組みについては、Dawson（2011）に詳しく解説されている。

く活躍するようになっている[2]。

1.　エビデンスに基づく政策

　上述したようにイギリスやアメリカでは現在、公共サービスが適切な成果を生み出しているかを測定するとともに、政策の見直しや取捨選択にも活用するために、エビデンスに基づく政策が推進されている（家子ほか 2016）。

　エビデンスに基づく政策とは、病院を例にとるならば、通常は患者を何人診たかということがアウトプットとなり、それに対して診療報酬が支払われている。しかし、現在の高度化する医療のもとでは、アウトプットを最終的な成果と考えてしまうと、際限なく医療費が増大し、財政的な負担に耐えられなくなる恐れが生じる。そこで、どのような医療サービスを提供することが健康な人を増やして、医療費の抑制につながるかということを、客観的な根拠（エビデンス）を集めて分析することにより、経済性・効率性・有効性（3E）が確保された政策を採用することが求められているのである。

　PBR のスキームに基づけば、官民いずれが公共サービスを担うべきかを考える際には、直接的なコスト削減だけでなく、将来的な予防効果も含めた財政削減額で判断されるべきである。ただし、公共サービスが生み出す価値には、財政的なものだけでなく、経済的あるいは社会的なものもある。そこで、イギリスでは 2012 年に Public Services（Social Value）Act（以下、社会価値法という）が施行され、公共調達においては入札額といった経済的な価値だけでなく、社会的な価値も考慮すべきことを表明している。なお、社会価値法は強制

---

2)　従来、社会的課題に取り組むのは非営利組織の役割という意識が強かったが、寄付や助成金だけでなく、公的資金による財源も拡大することによって、株式会社等の営利企業もこれらの事業に参入するようになっている。そして、営利・非営利などの法人形態にかかわらず、社会的課題の解決をビジネスとして取り組む組織のことを総称して社会的企業と呼ばれている。

的な法規ではなく、理念的な位置づけのものであるが、公共調達を行う際の入札や成果の測定において広く斟酌されている[3]。

　また、PBR を適用する際に財政削減効果を個別に見積もることは容易ではないため、イギリスなどでは現在、公共サービスが生み出した成果によってもたらされる社会的価値の単位コストをあらかじめ算定したレート・カードも導入されつつある。例えば、図表 1 のケースでは、アルコールやドラッグの濫用者を一人減らすことができた場合に、財政的・経済的・社会的にどれだけのコストが節約され、価値が生み出されるかをそれぞれ試算しており、その他にも様々な分野において公共サービスが生み出す価値を多面的に評価している。そして、生み出された成果にこれらの単位コストを掛けることによって、より簡易に行政委託事業などに対する報酬の支払い額を計算できるようになっている。

　このようなレート・カードについては、公共サービスの成果を単純化し過ぎている、レート・カードに記載された成果を出すように民間事業者を誘導してしまう、単位コストはあくまでも計算上のコスト節約額であって現実の財政削減に結びつくかは不明確である、といった批判もある。そのため、日本にもすぐに導入できるような仕組みではないかもしれないが、公共サービスが生み出した価値を測定するための基礎データを整備・蓄積することは、日本でも将来的には必要になってくると考えられる。

2.　財政削減効果の考え方

　図表 1 にも示されているように、公共サービスの成果を考えるときには財政的・経済的・社会的な側面などの多種多様な視点があり得る。ただし、民間事業者が公共サービスを担う際には、行財政改革の観点から何らかの財政削減の

---

3)　社会価値法を国会に提出した Chris White 議員へのヒアリング（2013 年 10 月 28 日）に基づく。

図表1　社会的価値の単位コスト

Cost / saving detail	Unit	Agency bearing the cost / making the fiscal saving		Fiscal value			Economic value			Social value		
		Level 1	Level 2	Estimated cost/saving	Year	Updated cost/saving	Estimated cost/saving	Year	Updated cost/saving	Estimated cost/saving	Year	Updated cost/saving
Alcohol misuse - estimated annual cost to the NHS of alcohol dependency, per year per dependent drinker	Per person per year	NHS	Clinical Commissioning Group	£1,800	2009/10	£2,015				£1,398	2009/10	£1,565
Drugs misuse - average annual savings resulting from reductions in drug-related offending and health and social care costs as a result of delivery of a structured, effective treatment programme	Per year	Criminal Justice System	NHS	£3,614	2013/14	£3,727	£8,954	2013/14	£9,234	£3,814	2013/14	£3,933
Ambulance services - average cost of call out, per incident	Per incident	NHS	Clinical Commissioning Group	£216	2013/14	£223						
A&E attendance (all scenarios)	Per incident	NHS	Clinical Commissioning Group	£109	2011/12	£117						

出所：New Economy（website）

効果を有することが不可欠となる。

　例えば、ソーシャル・インパクト・ボンド（以下、SIB という）を例として財政削減効果の考え方を整理すると、世界で最初に開発された SIB であるピーターバラ刑務所のケースでは図表 2 に示すように、短期受刑者の再犯率低下にともなって削減が見込まれる警察や裁判、刑罰に要する行政コストを見積もって計算されている。

図表 2　財政削減効果の算定例

1 年以内の再有罪判決コスト（警察・裁判等）	￡ 13,000
懲役刑に伴うコスト（￡37,000） 　×再有罪判決が懲役刑を伴う確率（40％）	￡ 14,800
社会奉仕刑に伴うコスト（￡6,000） 　×再有罪判決が社会奉仕刑を伴う確率（60％）	￡ 3,600
合計：出所後 1 年以内の再有罪判決コスト	￡ 31,400

出所：Social Finance（2010、p.35）を加工して作成

　ただし、財政削減効果を見積もるときには、成果によってもたらされる将来的なコスト削減額を直接的に計算する方法や、行政自身がプロジェクトを実施する場合に必要となるコストと代替案を比較する方法など様々なものが考えられる。

　例えば、図表 3 に示したように、ピーターバラ刑務所の再犯防止プロジェクトにおいて最初の SIB が導入された際には、プロジェクトがもたらす直接的なコスト削減額が財政削減効果と考えられている。また、ニューカッスルの長期疾患者支援のケースでも、サービス対象者の生活行動を改善することによって将来的な医療費が節減されることを見込んで、二次医療費の削減額が測定されている。

　このように財政削減効果を厳密に考える場合には、現行の制度に基づいて負担されるべき予算が削減される必要があるため、将来的に発生することが確実

図表3　ソーシャル・インパクト・ボンドの成果指標と財政削減効果

実施場所	ヒアリング先	期間	投資額	事業内容	対象	成果の評価指標	行政の支払	財政削減の考え方
ピーターバラ刑務所（イギリス）	The Young Foundation (2012.9.4) Social Finance (2012.9.5、2015.9.16)	2010〜2016年（政策変更により2015年に中止）	500万ポンド	出所後の短期受刑者に対して支援・指導のプログラムを提供し、再犯率を低下させる	刑期が1年未満の短期受刑者3,000人	サービスを受けないコントロールグループ（全国平均）の再犯率と、サービスを受けるグループの再犯率を比較して、プロジェクトによってどれくらい再犯率が低減されたかを測定する【インパクト】	コントロールグループと比較して、7.5%以上の再犯率が低減された場合に元本と利息を支払う	再有罪判決コスト（警察・裁判など）、懲役刑・社会奉仕刑に伴うコストを積み上げて計算する
グレーターロンドン（イギリス）	St Mungo's Broadway (2014.10.30、2015.9.14)	2012〜2015年	88万7千ポンド	路上生活者への支援や、短期宿泊施設への入居、アパートでの生活、雇用を得るための職業訓練などの一連の支援サービスを一貫したチームで行う	過去2年間に路上生活を6回以上発見され、かつ直近3カ月間に路上生活またはホステルで発見されたホームレスから416人を抽出してコホートを形成する	1. コホートにおける路上生活者の減少数【アウトカム】 2. 長期居住先の確保【アウトカム】 3. 外国人路上生活者の母国での再定住【アウトカム】 4. 救急医療の利用数削減【アウトプット】 5. 就労（フルタイム・パートタイム・ボランティアとして3カ月および6カ月以上継続）【アウトプット】 6. 職業訓練参加者数【アウトプット】	6つの評価指標に対して各々単価をかけて金額を計算し、最大500万ポンドを支払う	SIBプロジェクトが実施されないとした場合に、行政からコホート集団への支援に要する費用を見積もる
エセックス市（イギリス）	Essex County Council (2013.11.1) Action for Children (2013.10.29)	2013〜2018年	310万ポンド	施設入所あるいは保護観察になる可能性が高い児童を対象に予防的支援（マルチシステミック・セラピー：MST）を提供し、施設入所日数を削減する	380人の児童を20コホートに分ける	SIBが開始する前に集計された過去30カ月650件のケースと、MSTサービスを受けた児童の4半期毎の平均施設入所日数を比較する【インパクト】	MSTを修了し、家庭に復帰できたコホートの児童数にもとづき最大700万ポンドを支払う（110人以上の児童が施設に入らないで済むようにすることが目標）	行政がケアを提供する場合とSIBプロジェクトのコストを比較する
イギリス全国	It's All About Me (2015.9.14)	2013〜2023年	200万ポンド	通常の方法では養子縁組先を見つけられない子どもたちに適切な家庭を見つけ、両親となる人にも支援と訓練を行う	年齢、人種、民族、障害、育児放棄やトラウマがあり、養子縁組先を6カ月以上探している子どもたち	1. 養子縁組が必要な子どもの登録【アウトプット】 2. 養子縁組の実施【アウトプット】 3. 実施から1年後も養子縁組関係が続いている【アウトカム】 4. 実施から2年後も養子縁組関係が続いている【アウトカム】	1. 登録一人につき8,000ポンド 2. 養子縁組一人につき23,000ポンド 3. 1年後も養子縁組関係が続いていれば、6,800ポンド 4. 2年後も養子縁組関係が続いていれば15,800ポンド	養子縁組をすることにより、行政が児童を保護し、養育するための経費（最初の2年間に要する5万ポンド／年）が節約される
ニューカッスル（イギリス）	Ways to Wellness (2015.9.11)	2015〜2022年	170万ポンド	地域社会への結びつきや孤立解消が健康と福祉の増進に結びつくというエビデンスにもとづき、長期疾患を抱える人たちに非医療的な健康関連サービス（social prescribing）を提供する	ニューカッスル西部で長期的な疾患を抱える人びと	Wellbeing Starというツールを用いて、患者の健康・福祉に関して8分野の改善を測定する【アウトカム】 二次医療のコスト削減について、サービス受益者が利用した二次医療のデータとNewcastle North and East CCGに住んでいる比較対象グループが利用した二次医療のデータを収集して比較する【インパクト】	1. 6年間はBig Lottery Fundと内閣府がWellbeing Starの参加者数に基づいて最大200万ポンドと100万ポンドを支払う 2. プログラム開始から2〜3年後にコミッショナー（NHS）はWellbeing Starと二次医療のコスト削減に基づいて支払いを開始する	長期疾患を改善することによる、将来的な二次医療にかかるコストの削減額を予測する

出所：馬場（2016、pp.272-273）に加筆修正

と考えられるコストの削減額を計算する方法が基本になる。それに対して、エセックス市の児童支援やグレーターロンドンの路上生活者支援、イギリス全国における養子縁組のケースでは、行政が直接実施する場合の費用積算額と比較して、コスト低減が見込まれるように成果指標が設定されている。

　現行制度にない新規事業を実施する場合には、官民いずれがプロジェクトを実施しても追加コストが必要となり、必ずしも財政削減に直結しないため、財政削減額を原資として支払いを行う PBR からは逸脱してしまう可能性もある。しかし、将来的に高確率で発生すると見込まれる財政支出を削減できるのであれば、現行制度にはない新しいプロジェクトを試行し、その効果を検証する手段としても SIB は用いられている。そして、その場合には行政自身がプロジェクトを実施する場合と、代替案を比較した場合におけるコスト負担額の差異を財政削減効果とみなす方法にも、一定の合理性があると考えられているのである。

　ただし、ここでいう財政削減効果とは、あくまでも計算上の仮想的（バーチャル）な見積り額であり、必ずしも現実のキャッシュインフローを伴うことは保証されていない。そのため、例えば刑務所において受刑者が 1 人減るとしても、刑務所の施設規模やそこで働く刑務官が削減されなければ、本当のコスト削減を実現することはできない。したがって、実際に財政削減を進めるためには、インパクト評価を導入して公共サービスの効率化を図ると同時に、行政リストラをどのように進めるかということが大きな課題になる。

　また、公共サービスの成果指標が財政削減と過度に結び付けられることにより、公共サービスの質が歪められてしまうという批判もある。McHugh et al.（2013、p.249）は、公共サービスには定型的な成果指標が存在せず、社会的な成果を測定することは非常に困難な作業であるにもかかわらず、SIB のインパクト評価は過度にモデルを単純化し、プログラムが簡単に成果をもたらすかのような考え方を強調すると指摘している。

3.　インパクト評価の国際的潮流

　公共サービスは、予算や人員などのインプットを投入することにより、教育や福祉、医療などのサービスがアウトプットとして産出される。そして、その結果として学力や生活の向上、健康の改善といったアウトカムが生み出されるため、従来はこのようなアウトカムを公共サービスによる最終成果として把握すべきと考えられてきた。しかし、アウトカムを直接的に測定することは難しいため、長らく政府は予算制度に基づいてインプットを統制することにより、財政を管理することが行われている。

　しかし、近年では経済の低成長や少子高齢化が進み、政府に対してインプットによる統制だけではなく、アウトカムを改善して公共サービスの効率化を図ることが強く求められている。そこで、インパクト評価を導入することによって、公共サービスの改善と財政削減の両立を図ることが海外で取り組まれている。このとき、インパクトが何を意味するのかということが重要になるが、インパクトは通常、公共サービスを実施することによってもたらされたアウトカムの変化分によって表される。

　すなわち、インパクト評価の特徴的な点は、特定のプログラムを実施する場合と、実施しない場合におけるアウトカムを比較して、プログラムがもたらした純粋な成果を測定することにある。したがって、従来の政策評価ではプログラムの成果を直接把握しようとするために、アウトカムの絶対値を成果指標としていたのに対して、インパクト評価では対照群との比較などによる相対値を測定する必要がある。インパクト評価におけるこのような考え方を図式化すると、図表4のようになる。

　ここに示されているケースは、短期受刑者の再犯防止プログラムのものであるため、刑務所の収監日数が少ない（棒グラフが短い）方が高い成果を示していることになる。そのため、各プログラムを実施した場合（黒い棒グラフ）に

おける絶対値ベースでアウトカムを比較すると、プログラム B の方が高い成果を生み出していると判断される。

　それに対して、インパクト評価の考え方では、各プログラムを実施した場合（黒い棒グラフ）と、実施しなかった場合（白い棒グラフ）の比較が問題になる。その場合、プログラム B を実施しても、実施しなくてもアウトカムが同じになるため、プログラム B のインパクトはゼロであると判断される。その一方で、プログラム A を実施すれば、実施しないときよりも収監日数が削減されるため、プラスのインパクトを生み出すことができる。したがって、相対値ベースでアウトカムを比較するインパクト評価では、プログラム A の方が高い成果を生み出していることになる。

　さらに、インパクト評価では特定のプログラムとその成果との間にある因果関係を、客観的な根拠に基づいて立証することが求められる。図表 5 をみると、日本で比較的よく用いられている有識者による審議会やベンチマーキングなどは、立証レベルとしてはかなり低いものと考えられており、イギリスではより証拠力の高いコホート分析や差分の差分法などの手法が用いられることが多い。

　すなわち、図表 3 にみられるように、ピーターバラ刑務所やエセックス市における児童への予防的支援のケースでは、サービスを受けない対照群と、サービスを受ける処置群を比較することによって、SIB プロジェクトが生み出した

図表 4　インパクト評価の考え方

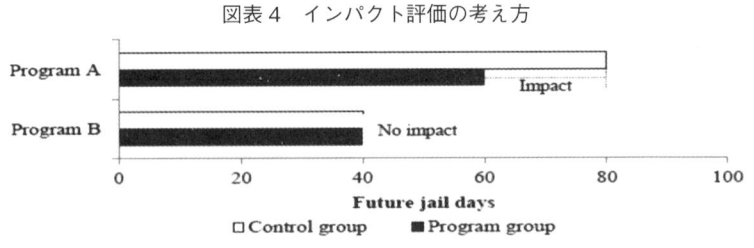

出所：MDRC（2013）、p.18

変化分としてのインパクトを把握しようとしている。

　それに対して、グレーターロンドンにおける路上生活者への支援では、コホート内における路上生活者の減少という成果を、対照群との比較によらないアウトカム指標として測定している。ただし、その際に複数のアウトプット指標（長期居住先の確保、母国での再定住、救急医療の利用減少、就労人数、職業訓練）も用いることによって、直接的な成果ではないが、将来的な財政削減に結びつくと期待される取り組みを行うインセンティブを与えている。

　また、イギリス全国における養子縁組のプロジェクトでも、養子縁組関係が継続するというアウトカム指標だけでなく、その前段階に位置している養子縁組を必要とする子どもの登録数と、養子縁組の実施というプロセスに対しても、アウトプット指標を設定して評価を行っている。

　さらに近年では、ニューカッスルにおける長期疾患者への支援のように、医療費削減というアウトカムとの関係性が直接的に認められるわけではないが、地域社会への結びつきや孤立解消が健康と福祉の増進に結びつく、という学術研究を根拠としながら、生活行動を変えるプログラムへの参加というアウトプット指標に基づいて報酬の支払いを開始する実験的なプロジェクトも登場している。そして、一定期間が経過した後に対照群と比較することにより、二次医療費の削減が実現されているかを検証し、改めてインパクトに対する支払いが行われる。

図表5　エビデンスに求められる立証水準

レベル	内容	手法の例
1a	RCTのメタアナリシス、系統的レビュー	複数のRCTの系統的レビュー
1b	少なくとも1つのRCT	RCT（フィールド実験）
2a	少なくとも1つの準実験	自然実験、差の差推定、回帰分断デザイン、操作変数法
2b	少なくとも1つの非実験的研究	回帰分析、コホート研究
3	比較試験、相関研究、記述的研究	前後比較、ベンチマーキング
4	専門家や実務家の意見	検討委員会による討議、パブリックコメント

出所：家子ほか（2016、p.4）

SIB の成果を厳格に測定するためには、サービスを受けない対照群と比較することによって、プロジェクトが生み出した純粋な変化分としての成果（インパクト）を測定すべきである。しかし、対照群を設定するには多大な手間やコストがかかるとともに、サービスを受けられないグループに対する不公平が生じる恐れもあるため、コホート分析などを行うことによって、対照群との比較を行わずに直接的に成果（アウトカム）を測定することも行われている。さらには、短期的にアウトカムを生み出すことが難しいプロジェクトも存在するため、より柔軟な方法としてサービス提供量（アウトプット）を成果指標に用いるケースも現れており、イギリスの SIB では現在、様々なインパクト評価が試みられている状況である。

それに対して、アメリカではさらに高い立証水準を有する RCT（Randomized Controlled Trial：ランダム化比較試験）を政策評価に導入しようという動きが進んでいる。RCT は、従来から医療分野の研究などで用いられてきた分析手法であるが、被験者を無作為に処置群と対照群に分けて、成果の有無を統計的に比較検証するものである。RCT によれば、恣意性が介入することなくプログラムと成果との間に生じる因果関係を立証できるため、理論的には最も信頼性が高いインパクト評価の方法であるといわれている。

そのため近年、教育や福祉などの分野にも、この手法を適用しようという動きが現れている。例えば、幼児に対して早期教育を実施し、対照群と比較することにより、どのような教育効果が得られるかを数年単位で追跡していけば、いかなる教育プログラムが効果的であるかを科学的に検証することができる。その結果として、より効果が高いプログラムに公的資金を投入することが可能になると考えられている。

4. 日本におけるインパクト評価

インパクト評価の具体的な手法については、海外でも Social Impact

Investment Taskforce（2014）などが議論を行っているところであるが、いまだ標準化は進んでいない。しかし、近年は日本でも注目を集めるようになっており、安倍政権による「経済財政運営と改革の基本方針2016」（骨太方針）のなかでもインパクト評価の推進が示されている。また、2016年度には内閣府が社会的企業にインパクト評価を導入する調査研究を実施しており、インパクト評価の実践に向けた取り組みも始まっている[4]。

　図表6は、内閣府による調査研究の一環として作成された、認定NPO法人Switchのロジックモデルである。Switchは、東日本大震災の被災地において石巻NOTEという事業に取り組んでおり、地域の企業への就労をサポートすることにより、若者の自立と地域の活性化を達成しようとしている。このとき、若者が実際に企業で働き始めれば、生活保護に陥ることを防止できたり、所得が得られたりするなど、その成果を明確に示すことができるが、現実には短期間で就労に至るケースは限られている。

　ただし、もし完全な就労に至らないとしても、若者が自信をもったり、外出機会が増えたり、インターンシップやボランティアなどの中間的就労に参加したりするようになれば、支援費用や治安維持費などの節減につながり、将来的な社会コストを節減できるかもしれない。

　しかし、従来の政策評価では数値による成果指標が重視されてはいるが、将来的な予防効果を見積もることはあまり行われていなかった。そのため、「何人就労した」という最終的なアウトカムは把握できるが、「若者の状況がどのように改善したか」という中間段階でのアウトカムに関する評価は行われずに、「セミナーやプログラムに何人参加したか」などのアウトプットによる評価にとどまってしまうという問題があった。

---

[4]　内閣府は2016年度に「社会的インパクト評価の実践による人材育成・組織運営力強化調査」（新日本有限責任監査法人受託）と「社会的インパクト評価の普及促進に係る調査」（PwCあらた有限責任監査法人受託）の2つの調査研究を実施しており、筆者はこれらの取り組みにアドバイザーとして参画した。

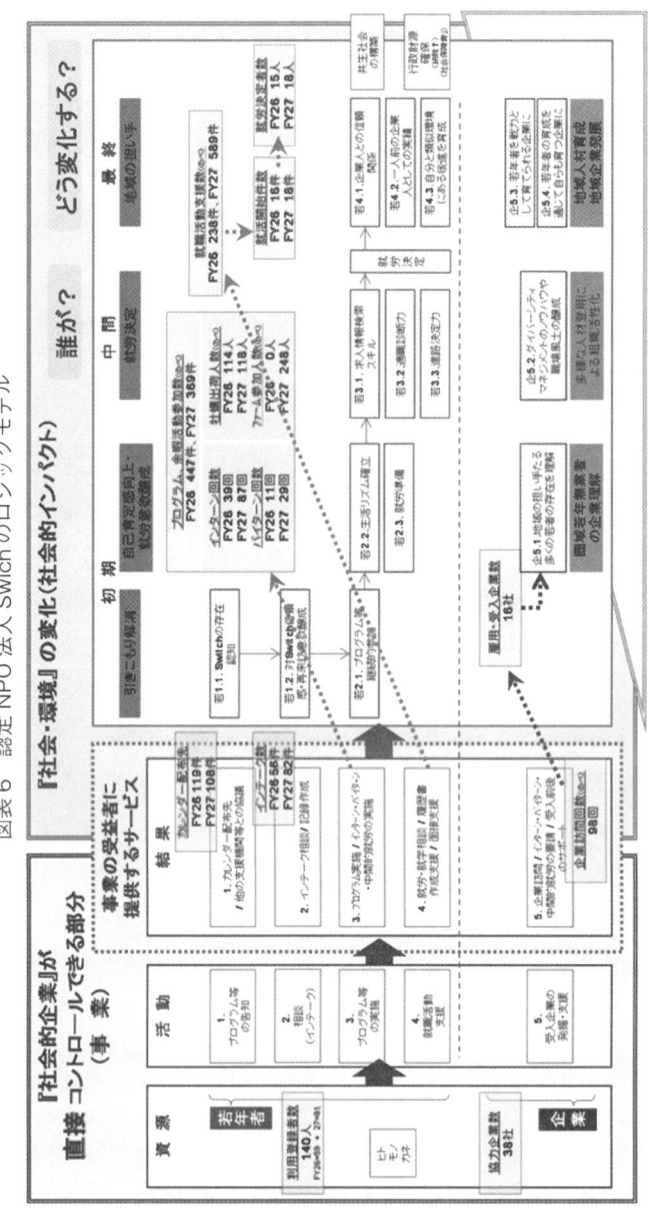

図表 6 認定 NPO 法人 Swich のロジックモデル

出所：内閣府（2017、p.14）

　それに対して、インパクト評価の場合は様々な手法があるものの、最初に事業目標に応じた最終成果を設定したうえで、そこに至るまでのプロセスの流れを、ロジックを立てて逆方向に遡っていくことが基本となっている。このとき、必ずしもロジックモデルを作成することが求められるわけではないが、図表6のようなロジックモデルを事前に整理しておくことにより、初期的・中間的な成果から最終成果に至るまでの道筋を可視化することができる。

　例えば、Switch のケースでは図表7にあるように、最終目標である継続的な就労能力の育成に至る前段階として、まずは初期的な成果として外出の機会や人との接点を増やした後に、それに続く中間的な成果として働くための意識改善や就職活動の開始などを成果指標として設定している。そして、プロジェクトの実施段階では、そのロジックに基づいて初期的・中間的な成果をモニタリングすることにより、最終的な成果を達成できるようにプロジェクトの遂行状況を管理することが可能となる。

　さらに、図表8に示したように、これらの初期的・中間的・最終的な成果を一般の人にもわかりやすく見せるために、「インパクト・レポート」を作成してコミュニケーションのツールとして活用することもできる。あるいは、もしプロジェクトがうまく進んでいない場合であっても、「正しい目標が設定されているか」、「適切にプログラムが設計されているか」、「プロセスが有効に実施されているか」など、その原因がどこにあるかということを見直し、プログラムの改善に結びつけることも可能となる。

　また、イギリスでは PBR に基づいて、図表3に示したように最終成果だけでなく、初期的・中間的な成果に対しても成果連動型契約に基づいた報酬が支払われることにより、民間事業者が無理な目標設定をしたり、クリームスキミング（成果が出やすい対象者だけを集める）あるいはチェリーピッキング（自分たちにとって都合のよい成果だけを抽出する）をしたりすることがないように配慮している。

　なお、インパクト評価というと日本では、SROI（Social Return on

図表 7 初期的・中間的成果の測定方法

出所：内閣府（2017，p.19）

「はたらく」に課題を抱えた若者に対するインパクト

通所を促し引きこもり解消	プログラム参加で自己肯定感醸成	就労準備にて就活スタート	就労決定	支えられる側から支える側へ
■引きこもりが解消、外出が増えた	■自信が付き、勤労意欲が醸成された	■就職活動を開始した	■就職が決定し、次のステップに進んだ	■地域企業との信頼関係を構築し、後進の育成したいと考え始めた
80人（試算値）	**61人**（試算値）	**54人**（試算値）	**33人**【実績値】	**21人**（試算値）
社会的価値約**1,297**万円/年 試算	社会的価値約**327**万円 試算	社会的価値約**319**万円 試算	社会的価値約**2,166**万円/年 試算	

人材不足に悩む企業に対するインパクト

若者イメージの変化	雇用イメージの変化	若者を雇用するメリット
■「課題を抱えた若者は現実逃避している」「性格が暗いと感じる」「なまけている」「よくわからない」とかんじていた若者に対するイメージが、実際に受け入れを進めることで、ポジティブなイメージに転換されている。	■「若者に適当な仕事がない」「若者は作業効率が低い」「若者とのコミュニケーションが困難」という雇用イメージを持っていた企業が、実際に受け入れを進めることで、不安やネガティブなイメージが払しょくされている。	■若者を受け入れるメリットとして「職場の雰囲気が良くなる」「地域社会の評判が良くなる」「職場のコミュニケーションがスムーズになる」「労働力不足の解消につながる」等、多くのメリットがあると感じる企業、従業員が増加した。

出所：内閣府（2017、p.40）

Investment：社会的投資収益率）が想起されることも多いが[5]、インパクト評価は必ずしも SROI のように金銭換算を前提とするものではなく、とりわけ公共サービスに関する報酬の支払いにおいて、SROI が成果指標として用いられることは一般的ではない。なぜなら、小関・馬場（2016、p.13）に指摘したように、SROI によって「把握される費用削減の金額はあくまでも仮想的なものであり、その効果が帰属する範囲も行政に限られない」という問題があるからである。

　ただし、SROI の手法を直接的に用いなくても、インパクト評価に基づいて設定した初期的・中間的な成果あるいは最終成果に関して、適切な代理指標を置くことにより、金銭換算を試みることは可能である。図表9は、Switch において実施されたインパクト評価によって測定された成果のうち、若年者の行動改善や意識変化、さらには就労決定の部分に絞って、カウンセリング費用の市場価格や一般労働者等の平均給与といった代理指標を用いて金銭換算をした結果である。

　SROI であれば、それ以外の経済的・社会的な波及効果を広く見積もったり、現在価値に割り引いたりといった技術的な手続きが必要となる。しかし、そのように複雑な手法を用いなくても、比較的シンプルな金銭換算を試みることによって、資金拠出者などの利害関係者に対して、プロジェクトが生み出した価値をより明確にイメージしてもらうことができると考えられる。

　また、このケースでは若年者に現れた変化について、「どの程度、このプロジェクトに参加することがきっかけとなっているか」を質問し、寄与率を算定して掛け合わせることによって、より保守的に金銭換算額を見積もっている。このような評価手法はサービス利用者の主観に大きく依存するため、厳密であるとはいえないかもしれないが、利害関係者とのコミュニケーションを促進す

---

5)　SROI は、社会的企業などが生み出した企業価値と社会目的価値を貨幣換算した後、それらを合計することによって混合価値を算出し、投入した資源と混合価値とを対比して投資対効果を測る方法である（Ryan & Lyne 2008、p.228）。

図表９　インパクトの金銭換算

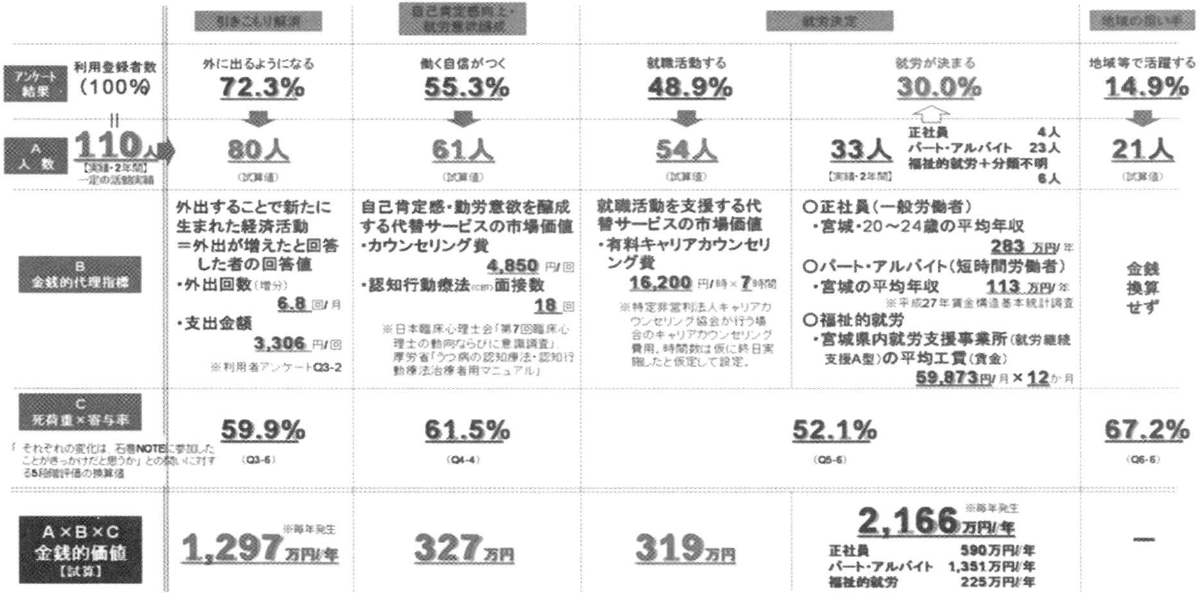

出所：内閣府（2017、p.21）

るうえでは、有益な情報として活用できると Switch では考えている。

5. ソーシャル・インパクト・ボンドの動向

　諸外国で積極的にインパクト評価が取り組まれている背景として、公共サービスの効率化と財政削減を進めるという目的に加えて、民間の資金を公共サービスに活用するという動きが出てきている。このような「社会的投資」を公共サービスに取り込む手法のひとつとして SIB への関心も高まっており、図表10 にあるような受刑者再犯防止、若者就労支援、子ども・家庭支援、生活困窮者支援などの活動分野を中心として、約 40 件のプロジェクトが世界各国で取り組まれているところである。

　そして、このとき行政と契約を結ぶことにより、民間事業者が公共サービスを提供するという点に関しては、従来型の行政委託事業と SIB は同様である。ただし、SIB は成果連動型契約の一種であるため、図表 11 に整理されているように、プログラムを実施するための資金をまず民間の投資家が拠出するとともに、プログラムが一定の成果を生み出した場合にのみ、行政から投資家に対して報酬（元本及び利息）が支払われるという点が、これまでの行政委託事業とは大きく異なっている[6]。

　その結果として、民間事業者はサービス提供に要する一定の資金を得られるとともに、行政はプログラムが失敗した場合には支払いを免れることから、財政的なリスクを負うことがない。それに対して、投資家はプログラムが成功すればリターンを得られるが、失敗した場合には投下資本を失うという財務的なリスクを負わされることになる。

　そして、プログラムが成功したか、失敗したかを判断するためには、事前に成果指標の目標値を契約に定めて、インパクト評価を行うことが求められてい

---

6)　SIB の詳しいスキームについては、塚本・西村（2016）を参照されたい。

る。そのため、成果の判断基準が明確であり、プログラムが成功した場合にのみ支払いが生じるというスキームが各国政府の関心を集めており、現在ではイギリスやアメリカ、ドイツ、オランダ、ベルギー、オーストラリア、カナダなどで SIB が導入されている。

図表10　ソーシャル・インパクト・ボンドの活用事例

	開始時期	国	地域	事業領域	名称	特徴
1	2010 年 10 月	イギリス	ピーターバラ市	受刑者再犯防止	Peterborough SIB	受刑者に対して、再犯防止と社会復帰の支援を行う。世界初の SIB 案件。
2	2012 年 4 月	イギリス	ウェスト・ミッドランズ州	若者就労支援	DWP (APM UK) SIB	将来ニートになる可能性のある 14 歳～ 16 歳の若者が対象。初の公募によるコンペ形式で選定された DWP（雇用年金局）の SIB 案件の 1 つ。
3	2012 年 4 月	イギリス	イースト・ロンドン	若者就労支援	DWP (Links 4 Life) SIB	将来ニートになる可能性のある 14 歳～ 16 歳の若者が対象。初の公募によるコンペ形式で選定された DWP（雇用年金局）の SIB 案件の 1 つ。
4	2012 年 4 月	イギリス	パース・アンド・キンロス	若者就労支援	DWP (Living Balance) SIB	将来ニートになる可能性のある 14 歳～ 16 歳の若者が対象。初の公募によるコンペ形式で選定された DWP（雇用年金局）の SIB 案件の 1 つ。
5	2012 年 4 月	イギリス	ノッティンガム	若者就労支援	DWP (Nottingham City Council) SIB	将来ニートになる可能性のある 14 歳～ 16 歳の若者が対象。初の公募によるコンペ形式で選定された DWP（雇用年金局）の SIB 案件の 1 つ。
6	2012 年 4 月	イギリス	イースト・ロンドン	若者就労支援	DWP (Think Forward) SIB	将来ニートになる可能性のある 14 歳～ 16 歳の若者が対象。初の公募によるコンペ形式で選定された DWP（雇用年金局）の SIB 案件の 1 つ。
7	2012 年 4 月	イギリス	グレーター・マージーサイド	若者就労支援	DWP (Triodos New Horizons) SIB	将来ニートになる可能性のある 14 歳～ 16 歳の若者が対象。初の公募によるコンペ形式で選定された DWP（雇用年金局）の SIB 案件の 1 つ。

8	2012 年 7 月	イギリス	ブリストル	受刑者再犯防止	Bristol Together SIB	元受刑者に職業訓練と雇用を提供して生活を再建する。
9	2012 年 8 月	アメリカ	ニューヨーク市	受刑者再犯防止	Riker's Island SIB	アメリカ初の SIB 案件。財団が元本の一部を保証する形で投資者のリスクを軽減。
10	2012 年 11 月	イギリス	カーディフ、ニューポート	若者就労支援	DWP (3C Capitalise) SIB	将来ニートになる可能性のある 14 歳〜 16 歳の若者が対象。初の公募によるコンペ形式で選定された DWP（雇用年金局）の SIB 案件の 1 つ。
11	2012 年 11 月	イギリス	テムズ・バレー	若者就労支援	DWP (Energise Innovation) SIB	将来ニートになる可能性のある 14 歳〜 16 歳の若者が対象。初の公募によるコンペ形式で選定された DWP（雇用年金局）の SIB 案件の 1 つ。
12	2012 年 11 月	イギリス	ウエスト・ロンドン	若者就労支援	DWP (Prevista) SIB	将来ニートになる可能性のある 14 歳〜 16 歳の若者が対象。初の公募によるコンペ形式で選定された DWP（雇用年金局）の SIB 案件の 1 つ。
13	2012 年 11 月	イギリス	グレーター・マンチェスター州	若者就労支援	DWP (Teens and Toddlers) SIB	将来ニートになる可能性のある 14 歳〜 16 歳の若者が対象。初の公募によるコンペ形式で選定された DWP（雇用年金局）の SIB 案件の 1 つ。
14	2012 年 11 月	イギリス	エセックス市	子ども・家庭支援	Essex SIB	児童保護を必要とする恐れのある若者とその家庭が対象。イギリスの地方行政（州）で初の SIB 案件。
15	2012 年 11 月	イギリス	グレーター・ロンドン	生活困窮者支援	GLA Homelessness SIB	ホームレスの住宅確保や就業支援を行う。サービス提供者が投資家を兼ねる SIB 案件。
16	2013 年 7 月	オーストラリア	ニューサウスウェールズ州	子ども・家庭支援	Newpin SIB	5 歳以下の家庭外保護対象の子どもとその恐れがある子どもがいる家庭が対象。オーストラリア初の SIB 案件。行政が初期費用の一部を負担し、投資家のリスクを軽減。
17	2013 年 9 月	アメリカ	ユタ州ソルトレイクシティ	子ども・家庭支援	Utah SIB	3 歳〜 5 歳の低所得層の幼児に対して早期教育を行う。
18	2013 年 9 月	ドイツ	アウグスバーグ	若者就労支援	Juvat SIB	25 歳以下の無職の若者に対して就業支援を行う。ドイツ初の SIB 案件。

19	2013 年 10 月	イギリス	全体	子ども・家庭支援	It's All About Me (IAAM) SIB	児童施設にいる養子縁組に向いていない子どもに対して里親探しを行う。サービス提供者が SIB の発起人になった初の SIB 案件。
20	2013 年 10 月	オーストラリア	ニューサウスウェールズ州	子ども・家庭支援	Benevolent Society SIB	5 歳以下の家庭外保護対象の子どもとその恐れがある子どもがいる家庭が対象。オーストラリアの主要銀行 4 行のうち 2 行が投資家として参加。
21	2013 年 12 月	アメリカ	ニューヨーク州	受刑者再犯防止	New York State SIB	アメリカの州で初の SIB 案件。
22	2013 年 12 月	オランダ	ロッテルダム	若者就労支援	Buzinezzclub SIB	17 歳〜 27 歳の働いていない若者に対する就業支援を行う。オランダ初の SIB。
23	2014 年 1 月	アメリカ	マサチューセッツ	受刑者再犯防止	Massachusetts SIB	暴行等の犯罪により投獄された経歴や出所後に再び暴行やギャングとの関わりが確認された若者が対象。2014 年時点で最大規模（投資額＄18M）の SIB 案件。
24	2014 年 4 月	ベルギー	ブリュッセル	若者就労支援	Belgium SIB	18 歳〜 30 歳の移民に対して、対象者が就業を望む分野で長く働いた退職者と引き合わせる等の就業支援を行う。ベルギー初の SIB 案件。
25	2014 年 6 月	イギリス	マンチェスター	子ども・家庭支援	Manchester City Council SIB	児童施設にいる 11 歳〜 14 歳の子ども、または、児童施設に入居する恐れのある子どもが対象。
26	2014 年 6 月	カナダ	サスカチュワン州サスカトゥーン	子ども・家庭支援	Sweet Dreams SIB	子どもを手放そうとしているシングルマザーが対象。カナダ初の SIB 案件。
27	2014 年 8 月	イギリス	バーミンガム	子ども・家庭支援	Birmingham City Council SIB	児童施設にいる子どもに対して里親探しを行う。
28	2014 年 10 月	アメリカ	シカゴ	子ども・家庭支援	Chicago SIB	貧困家庭に生まれた子どもに対する早期教育を行う。
29	2014 年 12 月	アメリカ	マサチューセッツ	生活困窮者支援	Massachusetts Homelessness SIB	ホームレスを対象とし、2 年間にわたる生活スキルや職業訓練を含む教育を行う。
30	2015 年 1 月	アメリカ	オハイオ州カイヤホガ	生活困窮者支援	Cuyahoga PFS	子どもが児童保護施設に入居しているホームレスの家庭に対して、社会復帰を促す。アメリカの郡で初の SIB 案件。

31	2015 年 1 月	イギリス	バーミンガム	生活困窮者支援	Fair Chance Fund (Birmingham) SIB	DWP と同様に一つのプロジェクトで複数の SIB 案件を組成。ホームレスの若者の定住や就業支援を行う。
32	2015 年 1 月	イギリス	グロスタシャー	生活困窮者支援	Fair Chance Fund (Gloucestershire) SIB	DWP と同様に一つのプロジェクトで複数の SIB 案件を組成。ホームレスの若者の定住や就業支援を行う。
33	2015 年 1 月	イギリス	カークリーズ	生活困窮者支援	Fair Chance Fund (Kirklees) SIB	DWP と同様に一つのプロジェクトで複数の SIB 案件を組成。ホームレスの若者の定住や就業支援を行う。
34	2015 年 1 月	イギリス	レスター、ダービー	生活困窮者支援	Fair Chance Fund (Leicester, Derby) SIB	DWP と同様に一つのプロジェクトで複数の SIB 案件を組成。ホームレスの若者の定住や就業支援を行う。
35	2015 年 1 月	イギリス	リヴァプール	生活困窮者支援	Fair Chance Fund (Liverpool) SIB	DWP と同様に一つのプロジェクトで複数の SIB 案件を組成。ホームレスの若者の定住や就業支援を行う。
36	2015 年 1 月	イギリス	マンチェスター	生活困窮者支援	Fair Chance Fund (Manchester) SIB	DWP と同様に一つのプロジェクトで複数の SIB 案件を組成。ホームレスの若者の定住や就業支援を行う。
37	2015 年 1 月	イギリス	ニューカッスル	生活困窮者支援	Fair Chance Fund (Newcastle) SIB	DWP と同様に一つのプロジェクトで複数の SIB 案件を組成。ホームレスの若者の定住や就業支援を行う。
38	2015 年 2 月	ポルトガル	リズボン	子ども・家庭支援	Junior Code Academy	小学生を対象にプログラミング技術の教育を行う。ポルトガル初の SIB 案件。

出所：Social Impact Bond Japan（website）

　日本でも 2015 年に日本財団の助成により、3 件の SIB に関するパイロット事業が横須賀市（家庭養護推進）、尼崎市（ひきこもりアウトリーチ）、福岡市（認知症予防）などで実施されている。ただし、海外の SIB では予算規模が数億円から数十億円のものが多いのに対して、これらのパイロット事業の予算規模は 1 千万円程度であり、また民間の投資家からの拠出を受け入れず、プログラムが失敗しても助成金が支払われるという点では、本来の SIB とは異なる試行的なものであった。

図表 11　ソーシャル・インパクト・ボンドの仕組み

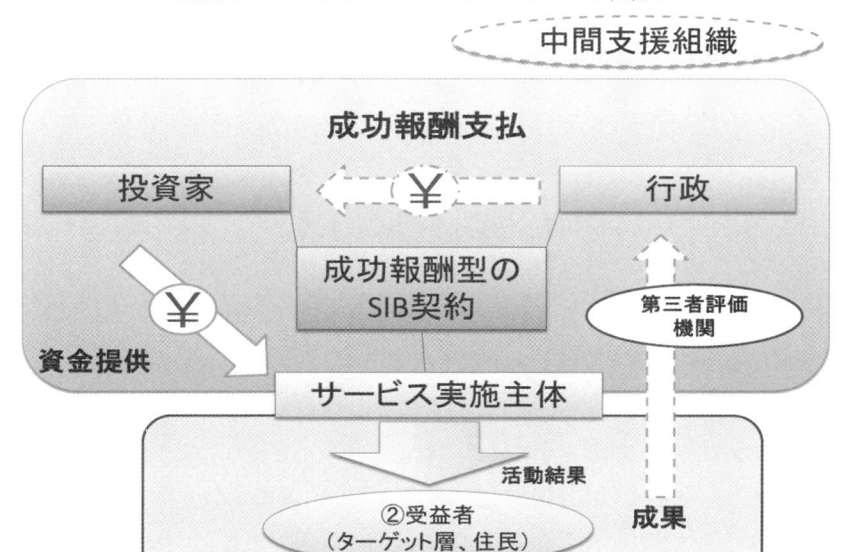

出所：神奈川県政策研究・大学連携センター（2015、p.8）

　そして、最近では厚生労働省が 2017 年度予算において 1 億 5,000 万円の概算要求を盛り込み、「保健福祉分野における民間活力を活用した社会的事業」を SIB によって実施する予定である。また、2016 年度には経済産業省がヘルスケア分野における SIB の導入支援事業を実施し、それを受けた神戸市と八王子市が、それぞれ糖尿病性腎症重症化予防と大腸がん検診受診率向上のプロジェクトを 2017 年度に予算化している。

　したがって、これから日本でも本格的な SIB の導入に向けた取り組みが広がっていくと期待されるが、数億円から数十億円のプロジェクトが実施されている諸外国と比較すると、現時点では予算規模は少額なものにとどまっている。しかし、SIB を実施するためには中間支援やインパクト評価など、多額の取引コストが必要になるため、少なくとも数億円程度の予算規模がなければ、

十分な費用対効果を得ることは難しい。予算規模の拡大と取引コストの節約については、今後の SIB 普及に向けた大きな課題になると考えられる。

6. 休眠預金の活用

　SIB のほかにも社会的投資の財源のひとつとして、近年では休眠預金も注目を集めている。日本では 2016 年 12 月に休眠預金活用法が成立し、その 3 年ほど後から年間数十億円の資金を、子どもや若者・生活困難者の支援、地域社会の活性化などに助成することが予定されている。

　このような休眠預金の活用については、イギリスにおけるビッグ・ソサエティ・キャピタルの仕組みを参考にしながら議論が進められてきた。ビッグ・ソサエティ・キャピタルは図表 12 に示すように、2012 年にイギリス政府が中心となって設立された社会的企業向けの民間投資銀行であり、休眠預金と 4 大銀行（Barclays、HSBC、Lloyds Banking Group、Royal Bank of Scotland）による出資金を原資として、社会的企業などを対象とする投融資事業が行われている。

　このとき、一般的に誤解が多いと思われるのは、休眠預金が勝手に社会的企業などへの助成事業に使われて、消えてしまうと考えられがちであるということである。しかし、図表 12 をみればわかるように、イギリス（特にイングランド）においては、休眠預金の元本は投融資事業に用いられているため、原則として投下資本は回収されて元本が毀損しないようになっている。そして、元本を運用して利益が得られた部分については、財団等を介して社会的企業などへの助成に充てられている。

　イギリスにおける休眠預金活用の流れは、図表 13 にあるようにまず一定の要件を満たす休眠預金をリクレイムファンド（請求基金）に移管し、そこから国営宝くじの運営基金であるビッグ・ロッタリー・ファンドへの資金拠出が行われる。そして、そのうち一部の資金が地域のチャリティ団体などに助成され

図表 12　ビッグ・ソサエティ・キャピタルの構造

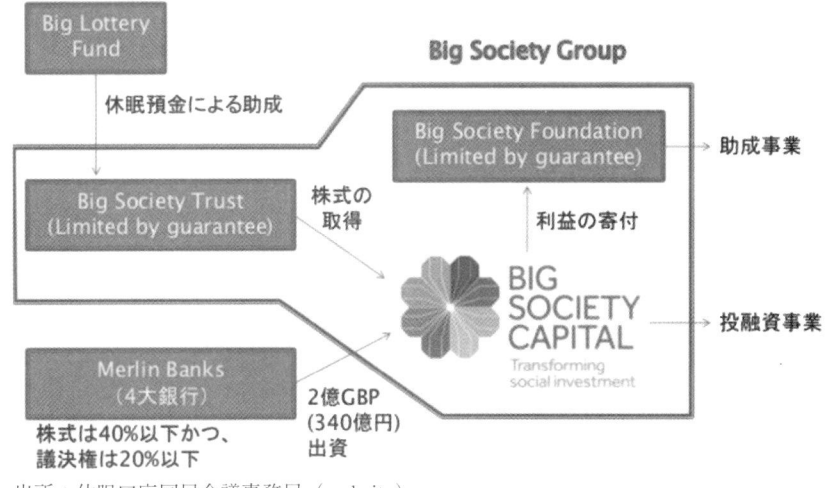

出所：休眠口座国民会議事務局（website）

るが[7]、大部分はビッグ・ソサエティ・キャピタルへの資金拠出にまわされて、社会的企業などに対する投資や融資に充てられる。そのため、休眠預金の活用においては、国民の財産である休眠預金を棄損しないように適切な投資対象をみつけるとともに、十分な社会的インパクトを生み出せる事業に投資を行うことによって、資金を有効に活用することが求められている。

　それに対して、日本では年間 500 億円発生するといわれる休眠預金のうち 20 ～ 40 億円程度を、社会的企業などへの助成に活用することが想定されている。そのため、休眠預金の元本は減少することになるが、口座の持ち主の求償権自体が消滅するわけではないため、必要な手続きを行えばいつでも払い戻しを受けることが可能である。

　なお、イギリスのように休眠預金が投融資に用いられるのであれば、元本は

7)　ウェールズやスコットランド、アイルランドでは、ビッグ・ロッタリー・ファンドから地域で活動するチャリティ団体などへの助成が行われているが、イングランドでは大部分が、ビッグ・ソサエティ・キャピタルへの出資金に充てられている。

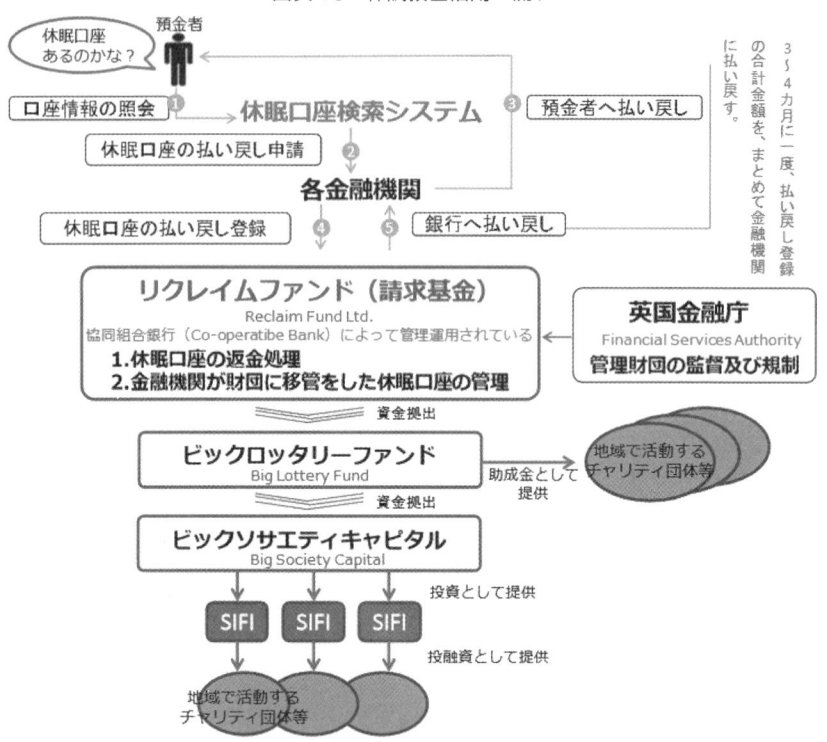

図表 13 休眠預金活用の流れ

出所：水谷（2014、p.7）

棄損されないことから、社会的な事業を遂行し、予定通りに返済が行われることによって、当該事業の社会的・経済的な存在価値を証明することができると考えられる。そのため、イギリスにおける休眠預金は、その他の社会的投資と同様に社会的企業などを育成し、イノベーションを推進するためのベンチャー・キャピタルとしての役割を果たしており、生み出された成果を改めてみせるためのインパクト評価はあまり必要とされていない[8]。

---

8) 休眠預金を助成に用いているアイルランドでは、成果を測定するために KPI を用いたインパクト評価が導入されている（PwC あらた有限責任監査法人 2017、pp.15-16）。

　それに対して、日本では休眠預金は資金拠出者の意図や共感に基づかないまま、強制的に資金が社会的企業などへの助成金等に用いられるとともに、その元本は減少することになる。そのため、これらの資金が適切に用いられたことを説明するために、休眠預金の活用はインパクト評価の実施と一体として進めることが予定されている[9]。

7. 公会計への示唆

　ここまで、エビデンスに基づく政策とインパクト評価、それに付随するSIBや休眠預金といった公共サービスの新しい財源について概観してきた。そして、エビデンスに基づく政策を推進するためには、財務情報よりもむしろ公共サービスの提供に係る非財務情報を活用する必要があるが、その結果として期待される財政削減効果については、公会計情報なども活用しながら適切に見積もることが必要とされている。

　日本でも近年、間接経費も含めたフルコストを用いて行政コストを把握すべきであると議論されるようになり、地方公会計の統一的な基準が導入されることによって、その流れがさらに進められていくと予想される。しかし、公共サービスのフルコストにはどのようなものが含まれるべきか、いまだ十分な合意が得られているとはいえない。

　ゼロ予算事業の議論などにおいても問題とされていたが、地方自治体においては従来、人件費は各事業の予算として計上されないためにコストとして考え

---

9)　内閣府のホームページでは、「社会的インパクト評価は、担い手の活動が生み出す「社会的価値」を「可視化」し、これを「検証」し、資金等の提供者への説明責任（アカウンタビリティ）につなげていくとともに、評価の実施により組織内部で戦略と結果が共有され、事業・組織に対する理解が深まるなど組織の運営力強化に資するものです。休眠預金等活用法では、「休眠預金等交付金に係る資金の活用の成果に係る評価の実施」（法第18条第2項第6号）等が規定されており、休眠預金等の活用に当たって、社会的インパクト評価の活用が予定されています。」と述べられている。

図表 14　公会計に基づく財政削減効果の考え方

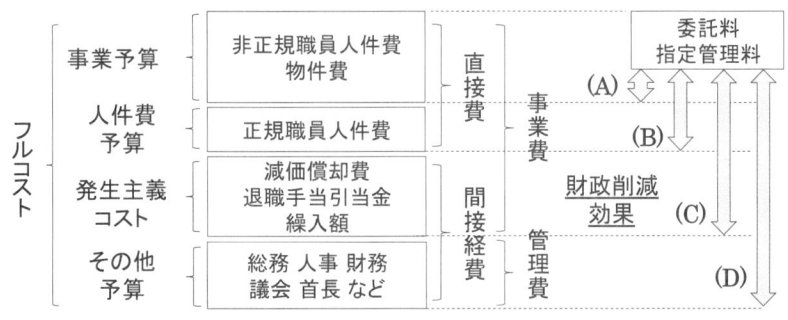

出所：筆者作成

られていないという批判があった。しかし、このような認識に基づいて財政削減を議論すると、図表 14 に示すように、非正規職員の人件費や物件費などの事業予算と、委託料や指定管理料を比較するような、民間事業者にとって著しく不利な条件に基づく公契約が行われることになってしまう（図表 14 の(A)）。現実問題として、このような低価格による公契約が行われた結果、官製ワーキングプアや、人員・ノウハウの不足による事故の発生などが起こっているという問題が指摘されているところである（上林 2015）。

　それに対して、現在では様々な地方自治体において、図表 15 に例示するように事業別・施設別の財務諸表を作成することが取り組まれており、フルコストには事業に関わる正規職員の人件費も割り振って含める必要がある、という点については共通認識になりつつあると考えられる。その場合、把握されるコストと、委託料や指定管理料を比較したときの財政削減効果は拡大するが（図表 14 の (B)）、それでも十分なフルコストが考慮されているとはいえない。最低限、発生主義会計を適用することによって把握される、減価償却費や退職手当引当金繰入額といった間接経費も各事業に配賦しなければ、適切な公共サービスのフルコストを把握することはできないため（図表 14 の (C)）、それに応じたコスト計算システムを導入することが必要となる。

　ただし、官民間のイコール・フッティングを考えるのであれば、本庁機能や

図表15　静岡県浜松市によるセグメント分析

行政コスト計算書　　　　　　　　　　　　　　　　（単位：千円）

項　　目		25年度決算	18年度決算	増減
人にかかるコスト		40,706	43,431	△ 2,725
	人　件　費	37,866	39,714	△ 1,848
	退職手当引当金繰入	2,840	3,717	△ 877
物にかかるコスト		53,090	71,653	△ 18,563
	物　件　費	24,784	43,908	△ 19,124
	維 持 補 修 費	811	250	561
	減 価 償 却 費	27,495	27,495	0
その他のコスト		7,006	12,653	△ 5,647
	公 債 費 利 子	7,006	12,653	△ 5,647
合　　計		100,802	127,737	△ 26,935
内訳	貸出サービス	71,569	89,416	△ 17,847
	施設サービス	10,080	12,774	△ 2,694
	講座サービス	19,153	25,547	△ 6,394

出所：総務省（2016、p.23）

　首長・議会に要するガバナンスなどに係るコストについても、各事業に割り振って積み上げることが望ましい（図表14の（D））。なぜなら、本当の意味での行政リストラを進めるのであれば、事業を効率化するだけではなく、それに応じて管理部門に属する人員や施設もスリム化していく必要があるからである。

　しかし、日本ではイギリスとは異なり、公務員のスピン・アウトや資産売却を含めた管理部門のスリム化を行うことが容易ではないため[10]、既存の業務を温存したまま、民間事業者に公共サービスの移管が行われていることも少なくない。したがって、単にコスト計算のシステムを整備するだけではなく、公共経営の仕組み自体を変革しなければ、民間を活用することによって逆に予算が

---

10)　若年者支援の行政部門がスピン・アウトして従業員所有の社会的企業となったRoyal Borough of Kensington and Chelsea の Brendan O'Keefe 代表へのヒアリング（2013年10月31日）によれば、イギリスでは公務員と同程度の待遇を維持しながら民間企業として独立する仕組みがあり、民間組織として取り組む方が柔軟に事業をできるため、公務員の身分を離れることに対して、特別な抵抗感はなかったということであった。

肥大化してしまう、といった矛盾した状況も起こりうるのである。

　さらに、海外ではフルコストだけではなく、図表1に示した社会的価値の単位コストや、図表3に示したソーシャル・インパクト・ボンドの成果指標と財政削減効果のように、将来的な予防コストや社会的・経済的な波及効果も含めて、公共サービスの費用対効果を考えるという取り組みも始まっている。その場合においても、公会計情報は積算を行うための基礎データとして、非常に重要な役割を果たすことになると考えられる。

8. 結論と展望

　厳しい財政状況のもとで効率的な公共サービスを提供するために、イギリスやアメリカなどの海外諸国ではエビデンスに基づく政策を推進しているが、それが本当に有効であるかどうかは、中長期的にモニタリングをしていかなければ判明しない部分もある。

　そのための評価手法のひとつとして、インパクト評価に対する関心も高まっており、様々な取り組みが行われているが、(1) 成果を単なる数値指標ではなく、プログラムが生み出した変化分として測定する、(2) プログラムが成果を生み出す因果関係を、データなどのエビデンスを用いて立証する、(3) 成果には最終成果だけでなく初期的・中間的な成果も含み、また経済的なものだけでなく社会的な波及効果も含まれる、という点がこれまでの公共サービスの評価とは異なっている部分であると考えられる。

　一般的に「評価」という場合、暗黙的には様々な意味が含まれている。図表16 にあるように、見積り (estimate)、測定 (measurement)、価値評価 (evaluation)、格付け (rating)、査定 (assessment)、認証 (certificate)、保証 (assurance)、監査 (audit) など、評価はその目的に応じて様々な機能を有しており、それによって求められる立証水準も異なってくる。

　ただし、イギリスなどの海外諸国においても、公共サービスの評価をどのよ

図表 16　評価の機能と立証水準

評価の機能	内容	立証水準
見積り estimate	金額や影響を何らかの仮定にもとづいて概算し、意思決定の参考資料にする	設定した仮定に問題がなく、自らが評価結果を利用できればよい水準
測定 measurement	金額や影響を一定の基準に基づいて計測し、意思決定の根拠や判断材料にする	何らかのデータによる裏付けと測定ルールが必要
価値評価 evaluation	金額や影響を測定し、その結果がプラスかマイナスかで一定の価値基準にもとづいて判断する	何らかのデータによる裏付けと合理的な価値基準が必要
格付け rating	金額や影響について調査した結果を、一定の価値基準にもとづいて順位づけする	順位づけを情報利用者に納得させられる水準の裏付けが必要
査定 assessment	金額や影響を調査し、その結果が信頼にたるものであるかの精査を行う	情報利用者以外の第三者でも、ある程度は理解できる水準の裏付けが必要
認証 certificate	金額や影響を調査し、その結果を検査して、信頼性に問題は認められないという消極的な保証を行う	情報利用者以外の第三者に対しても、客観的に説明できる水準の裏付けが必要
保証 assurance	金額や影響を調査し、その結果を検査して、信頼性が認められるという積極的な保証を行う	情報利用者以外の第三者に対しても、理論的に説得できる水準の裏付けが必要
監査 audit	金額や影響を調査し、その結果を検査して、信頼性が高いものであることの責任を負う	いかなる主体に対しても、法的な根拠をもって評価結果を主張できる水準の裏付けが必要

出所：小関・馬場 (2016, p.6)

うな内容及び水準で実施すべきか、ということについては、必ずしも共通した認識が形成されているわけではなく、政府や地方自治体がまさに試行錯誤をしているところである。

また、公共サービスにおいてインパクト評価が用いられるようになった背景としては、(1) 公共サービスにおいては単年度ではなく、中長期にわたって効果を測定する必要がある、(2) コスト削減を達成するだけでなく、何らかの社会的・経済的な価値を生み出すことが期待されている、(3) インパクト評価の結果を報酬支払いの可否や、次年度以降の予算に反映することが可能である、ということが考えられる。

そして、日本でもソーシャル・インパクト・ボンドや休眠預金の活用が始まりつつあることから、インパクト評価への関心も非常に高まっているところで

はある。ただし、イギリス及びアメリカでは Payment by Results（PBR）や Pay for Success（PFS）の仕組みを整備したうえで、民間を巻き込んで公共サービスの供給体制を変革しており、場合によっては人員及び施設などの削減を伴う行政リストラを進めているところ、そのための説明根拠としてエビデンスに基づく政策やインパクト評価が利用されている部分もある。

　しかし、日本の公的部門には現時点で、そのような行政リストラの仕組みが整備されていないため、エビデンスに基づく政策やインパクト評価は、諸外国で取り組まれている形とは大きく異なってくるはずである。そして、従来型の形式的な数値評価にとどまらず、最終成果だけでなく初期的・中間的な成果を含めて、プログラムが生み出した変化を、データなどのエビデンスを用いて立証する、という趣旨を正しく理解しながらインパクト評価を実施しなければ、安易な成果指標が設定されたり、余分な追加予算を積み上げることになったり、無用な評価コストを負担させられたりすることになってしまう、という危険性があることにも留意すべきである。

　また、海外諸国と比較すると、日本では教育・福祉・医療などの公共サービスに関する個票ベースの基礎データや、それらに係るフルコストのデータベースが十分に整備・公開されていないことも、エビデンスに基づく政策やインパクト評価を推進するための大きな阻害要因となっている。例えば、イギリスなどでは児童に対する早期教育を実施した場合に、彼らが数年後、どのような学力や進路に至ったかを追跡し、そのようなサービスを受けていない児童との比較もできるような情報システムが整備されているということであった[11]。

　さらに、イギリスなどでは公会計情報も活用しながら、単に公共サービスのフルコストを算定するだけではなく、図表1に示すようにアルコールやドラッグの濫用者が1人減った場合に、財政的・経済的・社会的にどれだけの価値が生じるか、ということの試算にも取り組んでおり、このようなレート・カード

---

[11]　若年者への教育支援活動に取り組む Teens and Toddlers の Michelle Farrell-Bell 氏に対するヒアリングに基づく（2016年9月19日）。

を適用できる分野を徐々に増やしているところである[12]。

　そのため、日本でも今後、公会計情報を含めた公共サービスの基礎データを整備し、政策決定に活用していくことが不可欠になると考えられる。また、このようなデータを管理し、分析するための人材を育成することも、今後の大きな課題になると予想される[13]。

　エビデンスに基づく政策やインパクト評価は、公共サービスを劇的に改善する万能薬ではないが、使い方次第では、公共サービスの質を維持しながら財政削減に結びつける可能性をもっており、それに対する国内外の期待感も高まりつつある。その一方では、インパクト評価が安易的・恣意的に用いられたり、公共サービスのあり方を歪めたりするリスクも指摘されているところであり、現在まさに試行錯誤が取り組まれている段階である。

　特に日本では、海外とは公的部門の法制度が異なっているため、諸外国で機能している仕組みを、そのまま導入することは難しい部分もある。しかし、少子高齢化が急速に進展し、財政がひっ迫する環境下において、公共サービスの大幅な見直しは避けられない状況である。公共サービスに民間の活力を導入し、イノベーションを推進するひとつの方策として、エビデンスに基づく政策やインパクト評価を活用することが期待されている。

---

12)　日本でも、内閣府も参画しながら設立された「社会的インパクト評価イニシアチブ」（http://www.impactmeasurement.jp/）が、活動分野ごとの社会的インパクトの評価方法や、成果指標の整備に現在取り組んでいる。

13)　SIB の中間支援にも取り組んでいる、社会的企業を対象とする専門金融機関である Triodos Bank の Dan Hird 氏（Head of Corporate Finance）に対するヒアリング（2016年9月16日）によれば、イギリスでは公共サービスに携わる民間事業者に対して、業績評価やデータ管理などの専門能力を有した業績管理責任者（パフォーマンス・マネージャー）を組織内に雇用・契約することが求められる場合もあるということであった。

（付記）本稿は、JSPS 科研費 16K04021（研究代表者：馬場英朗）及び文部科学省私立大学戦略的研究基盤形成支援事業（研究代表者：塚本一郎）、関西大学経済・政治研究所「財政の健全化と公会計改革研究班」（研究代表者：柴健次）の助成による研究成果の一部である。

参考文献

馬場英朗（2016）「ソーシャルインパクト・ボンドにおけるインパクト評価」塚本一郎・金子郁容編著『ソーシャルインパクト・ボンドとは何か―ファイナンスによる社会イノベーションの可能性』（第 11 章）、ミネルヴァ書房、pp.260-278。

Dawson, J. (2011) "A Beginner's Guide to Commissioning: A Guide for Development Workers Supporting Local Organisations with Commissioning", NAVCA.

HM Government (2011) "Open Public Services White Paper".

家子直幸・小林庸平・松岡夏子・西尾真治（2016）「エビデンスで変わる政策形成―イギリスにおける「エビデンス」に基づく政策」の動向、ランダム化比較試験による実証、及び日本への示唆」三菱 UFJ リサーチ＆コンサルティング政策研究レポート。

神奈川県政策研究・大学連携センター（2015）「ソーシャル・インパクト・ボンドの導入可能性と課題」。

上林陽治（2015）「公契約条例ならびに公契約基本条例をめぐる論点」『自治総研』no.435、pp.1-29。

北大路信郷（2011）「自治体における公共調達改革の課題―指定管理者制度活用のために」『ガバナンス研究』no.7、pp.21-54。

小関隆志・馬場英朗（2016）「インパクト評価の概念的整理と SROI の意義」『ノンプロフィット・レビュー』vol.16、no.1、pp.5-14。

休眠口座国民会議事務局（website）「英国 Big Society Capital 潜入報告」https://www.slideshare.net/qkk-project/big-society-capital（2017/8/4）。

McHugh, N.; Sinclair, S.; Roy, M.; Huckfield, L. and Donaldson, C. (2013) "Social Impact Bonds: A Wolf in Sheep's Clothing?", *Journal of Poverty and Social Justice*, vol.21, no.3, pp.247-257.

MDRC (2013) "Financing Promising Evidence-based Programs: Early Lessons from the New York City Social Impact Bond".

水谷衣里（2014）「どう活かす？休眠預金―"民による社会課題の解決"を支える仕組みをつくるために」三菱 UFJ リサーチ＆コンサルティング。

内閣府（2017）「社会的インパクト評価の実践による人材育成・組織運営力強化調査 最

終報告書（別冊 2 認定特定非営利活動法人 Switch インパクトレポート）」https://
www.npo-homepage.go.jp/toukei/sonota-chousa/social-impact-chousa-h28/social-
impact-chousa-h28-4（2017/8/1）。

New Economy（website）"Unit Cost Database", http://neweconomymanchester.com/
our-work/research-evaluation-cost-benefit-analysis/cost-benefit-analysis/unit-cost-
database（2016/12/31）.

PwC あらた有限責任監査法人（2017）「平成 28 年度 社会的インパクト評価等に関する海
外（欧州）調査 最終報告書」。

Ryan, P. W. & Lyne, I.（2008）"Social Enterprise and the Measurement of Social Value",
Education, Knowledge & Economy, vol.2, no.3, pp.223-237.

Social Finance（2010）"Towards a New Social Economy: Blended Value Creation
through Social Impact Bonds".

Social Impact Bond Japan（website）「 事 例 一 覧 」http://socialimpactbond.jp/case/
（2017/8/3）。

Social Impact Investment Taskforce（2014）"Measuring Impact: Subject Paper of the
Impact Measurement Working Group".

総務省（2016）「統一的な基準による地方公会計マニュアル 平成 28 年 5 月改訂財務書類
等活用の手引き」。

塚本一郎・西村万理子（2016）「ソーシャルインパクト・ボンドとは何か」、塚本一郎・金
子郁容編著『ソーシャルインパクト・ボンドとは何か─ファイナンスによる社会イノ
ベーションの可能性』（第 2 章）、ミネルヴァ書房、pp.41-73。

上野真城子（2015）「オバマ政権の社会政策における挑戦と CBO40 年の意味するもの」ア
ジア都市コミュニティー研究センター。

第 V 章　地方財政と地方債の信用評価

田　村　香月子

　わが国の地方公共団体の財政については、その健全性が重要視されて久しい。近年では、2007 年に財政再建団体となった北海道夕張市の事例が注目されたが、これにより地方財政の健全性やその指標等について議論が重ねられ、2009 年には「地方公共団体の財政の健全化に関する法律」（以下健全化法）が施行されるに至った。

　こうした流れにおいて、地方公共団体の負債である地方債の動向にも注目が集まっている。地方債は地方公共団体が 1 会計年度を超えて行う借入れであり、元利金の支払が生ずる。したがって地方債の発行残高が増大すれば、それだけ将来の負担が拡大することになる。こうした性格から、公債による借入れ、すなわち地方債の分析を行うことは、地方公共団体の現在の財政状況のみならず、その健全性や持続性を考える上でも重要である。

　そこで本稿では地方債の動向に着目し、地方債市場の現状から地方公共団体の財政と地方債の信用評価について考える。

1.　地方公共団体の財政における地方債の位置づけ

　我々が享受する公共サービスの多くは、地方公共団体が担っている。国と地方公共団体の行政事務の分担内容を見ると、公営住宅や上下水道、小中高等学校教育、保険福祉やごみ処理、警察など、国民生活に身近な行政の多くが地方公共団体の負担となっており、我々の生活に極めて密接に関連している。

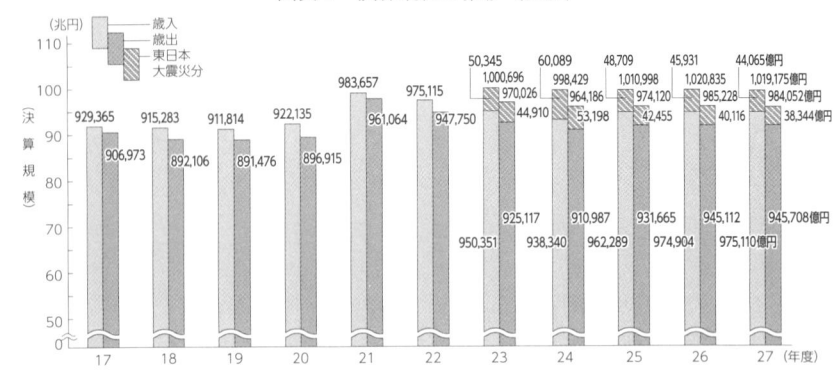

図表 1　決算規模の推移（純計）

出所：総務省（2017b）、9 頁第 7 図引用。

　これらを数値で確認すると、平成 27（2015）年度の行政事務における国と地方の役割分担において、歳出決算・最終支出ベース約 169 兆円のうち、国の分担比率は 42％、約 71 兆円であるのに対し、地方公共団体の負担比率は 58％、約 98 兆円と高い数値を示している[1]。

　こうした地方公共団体の行政サービスの状況を資金面で捉えるのが、地方財政である。図表 1 は地方公共団体の普通会計決算の推移である。これによれば、平成 23（2011）年度以降、東日本大震災にかかる歳入歳出の増加はあるものの、決算規模はおおよそ横ばいに推移していることが分かる。地方公共団体の行政サービスにかかる金額には、近年大きな変動は見られず、安定傾向にあるといえる。

　次に地方公共団体の実質収支の状況を確認しよう。

　総務省によれば、実質収支とは「当該年度に属すべき収入と支出との実質的な差額をみるもので、形式収支から、翌年度に繰り越すべき継続費逓次繰越（継続費の毎年度の執行残額を継続最終年度まで逓次繰り越すこと）、繰越明許

---

1 ）　総務省（2017a）参照。

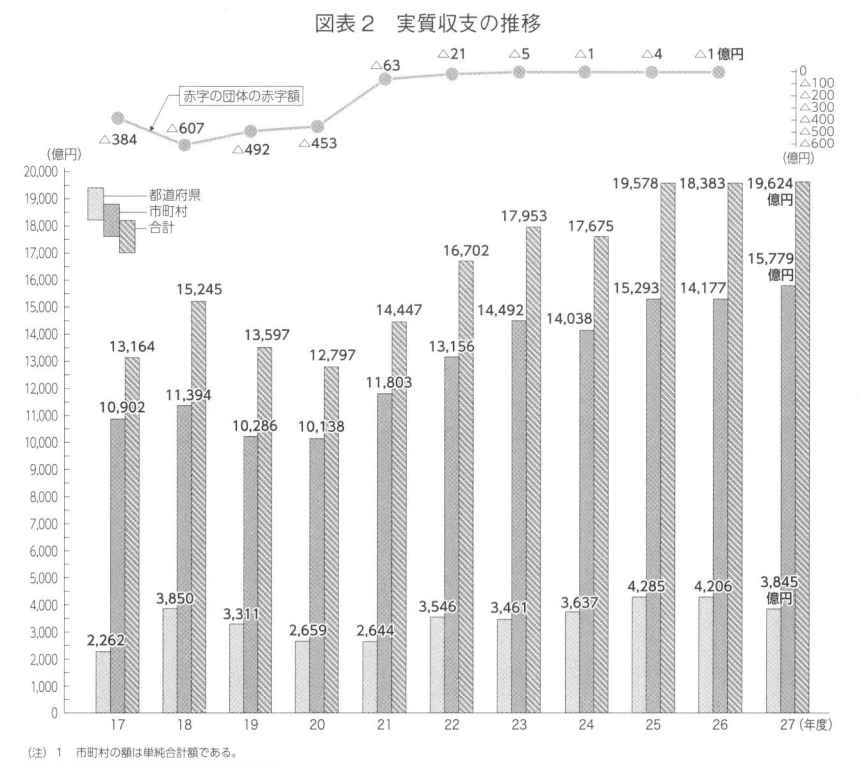

図表2　実質収支の推移

(注)　1　市町村の額は単純合計額である。
　　　2　平成27年度は全団体で黒字となっている。

出所：総務省（2017b）、11頁第8図引用。

費繰越（歳出予算の経費のうち、その性質上又は予算成立後の事由等により年度内に支出を終わらない見込みのものを、予算の定めるところにより翌年度に繰り越すこと）等の財源を控除した額」であり、「また通常、「黒字団体」、「赤字団体」という場合は、実質収支の黒字、赤字により判断する」とある[2]。

　図表2は、都道府県および市町村の実質収支の推移である。平成27（2015）年度には合計して1兆9624億円の黒字となっている。また団体種類別に見る

---

[2]　総務省『地方財政白書』用語の説明より引用。

と、都道府県においては 3845 億円で平成 12（2000）年度以降黒字が続いており、市町村においては 1 兆 5,779 億円と昭和 31（1956）年度以降の黒字である。すなわち、現状わが国の地方公共団体は多くが黒字団体であることが分かる。

実質収支でみた赤字団体は大幅な減少傾向にある。図表 3 は赤字団体数の推移であるが、特に、健全化法が施行された平成 21（2009）年度頃から、赤字団体の数は減少に転じている。

一方地方公共団体の財政を別の収支で見ると、赤字団体がさらに存在する。ただし、これらも減少傾向に有ると見て良いだろう。

図表 4 は実質収支に加え、単年度収

図表 3　実質収支における赤字団体
　　　　数の推移

	市町村	都道府県
平成 26 年度	2	0
平成 25 年度	4	0
平成 24 年度	2	0
平成 23 年度	3	0
平成 22 年度	8	0
平成 21 年度	13	0
平成 20 年度	19	0
平成 19 年度	25	1
平成 18 年度	26	1
平成 17 年度	26	2
平成 16 年度	76	1
平成 15 年度	40	2
平成 14 年度	31	2

出所：総務省「地方財政白書」各年版
より筆者作成。

支及び実質単年度収支からの近年の赤字の団体数である[3]。平成 26（2014）年度から平成 27（2015）年度にかけて赤字の団体は、都道府県においては 9 団体から 14 団体と増加しているものの、これらを除いて他の市町村においては

3）　単年度収支とは「実質収支は前年度以前からの収支の累積であるので、その影響を控除した単年度の収支のこと。具体的には、当該年度における実質収支から前年度の実質収支を差し引いた額」、すなわち当該年度における実質収支から前年度の実質収支を差し引いた額であり、当該年度のみの差額を指す。また実質単年度収支とは「単年度収支から、実質的な黒字要素（財政調整基金への積立額及び地方債の繰上償還額）を加え、赤字要素（財政調整基金の取崩し額）を差し引いた額」（以上、括弧内は総務省『地方財政白書』用語の説明より引用）であり、すなわち地方公共団体が基金の取崩しや繰上償還等で調整した額を差し引きした値である。

図表4　赤字の団体数の状況

区　　分	全団体数		赤　字　の　団　体　数										
			実　質　収　支				単　年　度　収　支				実質単年度収支			
	平　成 27年度 (A)	平　成 26年度 (B)	27年度		26年度		27年度		26年度		27年度		26年度	
			団体数 (C)	割合 (C)/(A)	団体数 (D)	割合 (D)/(B)	団体数 (E)	割合 (E)/(A)	団体数 (F)	割合 (F)/(B)	団体数 (G)	割合 (G)/(A)	団体数 (H)	割合 (H)/(B)
				%		%		%		%		%		%
都　道　府　県	47	47	－	－	－	－	18	38.3	13	27.7	14	29.8	9	19.1
政令指定都市	20	20	－	－	－	－	7	35.0	14	70.0	8	40.0	14	70.0
中　核　市	45	43	－	－	－	－	13	28.9	31	72.1	15	33.3	24	55.8
施行時特例市	39	40	－	－	－	－	9	23.1	28	70.0	11	28.2	23	57.5
都　　　　市	686	687	－	－	－	－	204	29.7	400	58.2	185	27.0	320	46.6
中　都　市	156	164	－	－	－	－	47	30.1	98	59.8	47	30.1	71	43.3
小　都　市	530	523	－	－	－	－	157	29.6	302	57.7	138	26.0	249	47.6
町　　　　村	928	928	－	－	－	－	316	34.1	455	49.0	248	26.7	450	48.5
市町村小計	1,718	1,718	－	－	－	－	549	32.0	928	54.0	467	27.2	831	48.4
特　別　区	23	23	－	－	－	－	9	39.1	10	43.5	4	17.4	8	34.8
一部事務組合等	1,330	1,340	－	－	2	0.1	557	41.9	654	48.8	570	42.9	654	48.8
市　町　村　計	3,071	3,081	－	－	2	0.1	1,115	36.3	1,592	51.7	1,041	33.9	1,493	48.5
合　　　　計	3,118	3,128	－	－	2	0.1	1,133	36.3	1,605	51.3	1,055	33.8	1,502	48.0

出所：総務省（2017b）、12頁第4表引用。

全て減少している。

　以上の統計から、わが国の地方公共団体において、その財政は多くが黒字であり、改善の方向にあると言って良いだろう。

　こうした状況の中、地方公共団体の財政において地方債がどのように位置づけられているのかを確認したい。

　地方公共団体の歳入・歳出における地方債の位置づけの概念図は図表5のとおりである。地方債の新規発行により集められた資金が歳入の一部にあたり、それが投資的経費の一定部分に当てられる。投資的経費とは即ち、道路、橋りょう、公園、学校、公営住宅の建設等社会資本の整備等に要する経費であり、普通建設事業費、災害復旧事業費及び失業対策事業費からなる。

　地方公共団体の歳入は大きく2種類、一般財源とその他の財源に分けることができる。一般財源は、地方公共団体固有の財源として地方税、地方譲与税、

図表5　地方公共団体の歳入・歳出における地方債の位置づけ

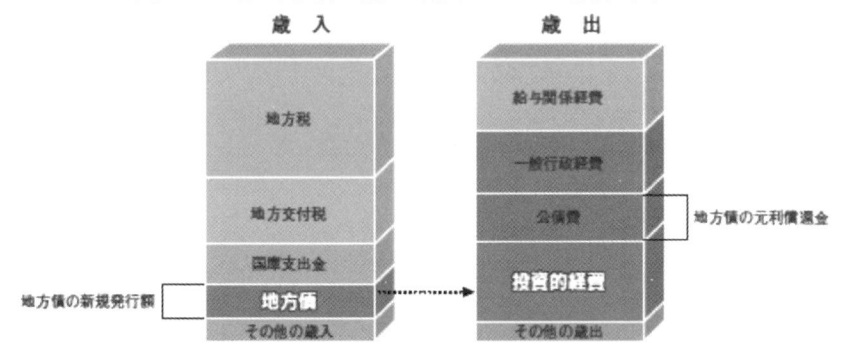

※地方債は原則として投資的経費（建設事業関係の経費）の一定部分に充てられます。

出所：地方債協会ウェブサイト「地方債の概要」より引用。

図表6　歳入純計決算額の構成比の推移

	7	12	13	14	15	16	17	18	19	20	21	22	23	24	25	26	27 (年度)
(億円)	1,013,156	1,002,751	1,000,041	971,702	948,870	934,422	929,365	915,283	911,814	922,135	983,657	975,115	1,000,696	998,429	1,010,998	1,020,835	1,019,175

その他：17.2 15.8 16.3 16.7 16.3 17.0 16.7 15.7 16.2 15.6 16.6 16.7 16.8 16.8 16.5 17.4 16.3%

臨時財政対策債：4.4%（10.5%）

地方債：16.8 11.1 11.8 13.7 14.5 13.2 13.2 10.5 10.5 10.8 12.6 13.3 11.8 12.4 12.2 11.3 10.5%

（内数）1.2 2.7 5.5 4.0 3.1 2.8 2.6 2.8 4.7 7.3 5.9 5.9 6.0 5.4

国庫支出金：14.4 14.5 13.6 13.9 13.3 12.8 11.5 11.3 12.7 17.1 14.7 16.0 15.6 16.3 15.2 15.0%

地方特例交付金：14.9 0.9 0.9 0.9 1.1 1.2 1.6 0.9 0.8 0.7 0.5 0.4 0.1 0.1 0.1 0.1%
0.6 0.6 0.7 0.7 2.0 4.1 2.6%

地方譲与税：1.9 21.7 20.3 20.1 19.0 18.2 18.2 17.5 16.7 16.7 11.3 2.1 2.2 2.5 2.9 2.6%
15.9

地方税：33.2 35.4 35.5 34.4 34.4 35.9 37.4 39.9 44.2 42.9 35.8 35.2 34.1 34.5 35.0 36.0 38.4%
17.6 18.7 18.3 17.4 17.1 17.1%

(51.1) (58.7) (57.4) (56.0) (55.3) (56.5) (59.3) (62.3) (62.0) (61.1) (53.6) (55.4) (55.2) (56.1)
一般財源（58.2%）

(51.1) (58.7) (58.6) (58.7) (60.8) (60.6) (62.4) (65.1) (64.5) (63.2) (58.4) (62.6) (61.3) (61.0) (62.5)
一般財源＋臨時財政対策債（62.5%）

その他の財源（41.8%）

(注) 国庫支出金には、交通安全対策特別交付金及び国有提供施設等所在市町村助成交付金を含む。

出所：総務省（2017b）、13頁第10図引用。

また国から交付される地方交付税と地方特例交付金の合計である。そしてその他の財源は国庫支出金と地方債、その他からなる。

　ここで、地方債による歳入の割合を確認したい。図表6は歳入純決算額の財源種類別比率を示している。

　統計によれば、地方債による歳入は、平成7（1995）年度には16.8％と一般

図表 7　目的別歳出純計決算額の構成比の推移

区　　　分	平　成 17年度	18年度	19年度	20年度	21年度	22年度	23年度	24年度	25年度	26年度	27年度
	%	%	%	%	%	%	%	%	%	%	%
総　務　費	9.6	9.7	10.0	9.9	11.2	10.6	9.6	10.3	10.3	10.0	9.8
民　生　費	17.3	18.2	19.0	19.9	20.6	22.5	23.9	24.0	24.1	24.8	25.7
衛　生　費	6.3	6.2	6.1	6.0	6.2	6.1	7.0	6.2	6.1	6.2	6.4
労　働　費	0.3	0.3	0.3	0.7	1.0	0.9	1.0	0.8	0.6	0.4	0.4
農林水産業費	4.4	4.2	3.9	3.7	3.7	3.4	3.3	3.3	3.6	3.4	3.3
商　工　費	5.1	5.3	5.6	5.9	6.8	6.8	6.8	6.4	6.1	5.6	5.6
土　木　費	15.9	15.5	15.0	14.4	13.8	12.6	11.6	11.7	12.4	12.2	11.9
消　防　費	2.0	2.0	2.0	2.0	1.9	1.9	1.9	2.0	2.0	2.2	2.1
警　察　費	3.7	3.8	3.8	3.7	3.4	3.4	3.3	3.3	3.2	3.2	3.3
教　育　費	18.3	18.5	18.4	18.0	17.1	17.4	16.7	16.7	16.5	16.9	17.1
公　債　費	15.4	14.9	14.6	14.7	13.4	13.7	13.4	13.5	13.5	13.6	13.1
そ　の　他	1.7	1.4	1.3	1.1	0.9	0.7	1.5	1.8	1.6	1.5	1.3
合　　　計	100.0	100.0	100.0	100.0	100.0	100.0	100.0	100.0	100.0	100.0	100.0
	億円	億円	億円	億円	億円	億円	億円	億円	億円	億円	億円
歳　出　合　計	906,973	892,106	891,476	896,915	961,064	947,750	970,026	964,186	974,120	985,228	984,052

出所：総務省（2017b）、16 頁第 7 表引用。

　財源における地方交付税よりも大きな比率を占めているものの、その後多少の増減を見せながら横ばい傾向にある。そして平成 27（2015）年度には全体の10.5％とその割合は減少している。

　地方公共団体の歳出における、地方債に関連した経費について確認しよう。地方債は、償還が必要な債務である。したがって歳出面においては、地方債の元利償還として公債費が計上されることになる。

　歳出は目的別と性質別に分類できる。目的別分類とは行政目的にそった分類である。図表 7 は目的別歳出純計決算額の構成比を示している。

　推移を見ると、近年において歳出の比率が最も高いのは、福祉施設の整備運営や生活保護等にかかる民生費であり、次いで教育費、公債費または土木費と続く。このうち地方債に関連する歳出は公債費である。公債費は地方公共団体が発行した地方債の元利償還等に要する経費を指す。すなわち、これまで発行してきた地方債の元利償還にかかる当該年度分の歳出が、公債費として計上さ

図表 8　性質別歳出純決算額の構成比の推移

（単位）億円	7	12	13	14	15	16	17	18	19	20	21	22	23	24	25	26	27 (年度)
総額	989,445	976,164	974,317	948,394	925,818	912,479	906,973	892,106	891,476	896,915	961,064	947,750	970,026	964,186	974,120	985,228	984,052
その他の経費	27.1	28.6	29.1	29.0	30.1	30.9	30.8	31.6	32.3	33.8	37.1	35.4	36.5	36.3	35.8	34.8	35.2%
公債費	12.7	12.6	13.2	13.7	14.2	14.3	15.4	14.9	14.6	14.6		13.7	13.3	13.5		13.4	13.1%
扶助費	8.7	6.2	6.6	7.1	7.6	8.2	8.5	8.7	9.2	9.5	9.5	11.9	12.3	12.5	12.5	13.1	13.6%
人件費	26.1	27.5	27.5	27.8	28.0	28.1	27.9	28.2	28.3	27.4	24.9	24.8	24.2	23.9	22.8	22.9	22.9%

（注）（　）内の数値は、義務的経費及び投資的経費の構成比である。

出所：総務省（2017b）、19 頁第 15 図引用。

れる。目的別歳出における公債費の比率は、他の経費の数値と比較して小さい方ではないが、減少傾向にある。近年は概ね 13％前後と横ばいに推移しており、大きな変動は見られない。

　また歳出の性質別分類は、歳出を経済的な性質によって把握するものであり、義務的経費、投資的経費、その他経費に分けられる。それぞれの構成比の推移は図表 8 のとおりである。公債費は地方債の元利償還にかかる経費であるが、こちらにおいても近年は 13％弱と横ばいであり、全体的にみても減少傾向にある[4]。

　以上のように、わが国の地方公共団体の財政において、その歳入歳出に地方債が占める割合は決して高いわけではない。しかし地方債はその債務の支払いが当該年度に完結する種類の財源ではなく、残高として積み上がるものである。したがって発行が増加すれば残高も増加し、それだけ将来の償還負担が増

---

[4]　なお、性質別歳出における公債費は地方債の元利償還金及び一時借入金利子に限定されるが、目的別歳出における公債費は、元利償還等の経費のほか、地方債の発行手数料や割引料等の事務経費も含まれる。

大することとなる。

　ただしわが国においては、地方公共団体が独自の判断で自由に地方債を発行できる制度にはなっていない。

2.　地方債発行制度の変遷

(1)　地方債の発行根拠

　そもそも地方債とは何か。地方債とは、地方公共団体が財政上必要とする資金を外部から調達することによって負担する債務であり、その履行が一会計年度を超えて行われるものを指す。すなわち地方公共団体にとっては、将来返済すべき債務に当たる財源である。

　そもそも地方債の発行は地方財政法において定められている。地方財政法5条では、「地方公共団体の歳出は、地方債以外の歳入をもつて、その財源としなければならない。ただし、次に掲げる場合においては、地方債をもつてその財源とすることができる」として、各号以下のとおり定められている。

一　交通事業、ガス事業、水道事業その他地方公共団体の行う企業（以下「公営企業」という。）に要する経費の財源とする場合

二　出資金及び貸付金の財源とする場合（出資又は貸付けを目的として土地又は物件を買収するために要する経費の財源とする場合を含む。）

三　地方債の借換えのために要する経費の財源とする場合

四　災害応急事業費、災害復旧事業費及び災害救助事業費の財源とする場合

五　学校その他の文教施設、保育所その他の厚生施設、消防施設、道路、河川、港湾その他の土木施設等の公共施設又は公用施設の建設事業費（公共的団体又は国若しくは地方公共団体が出資している法人で政令で定めるものが設置する公共施設の建設事業に係る負担又は助成に要する経費を含む。）及び公共用若しくは公用に供する土地又はその代替地としてあらかじめ取得する土地の

購入費（当該土地に関する所有権以外の権利を取得するために要する経費を含む。）の財源とする場合

　以上の5つの場合において、地方債が発行できることとなっている。すなわち、地方公共団体の歳出はその償還が将来世代および将来住民の負担となる地方債以外の歳入でもって負担することが原則であるが、内容を見ると三号を除き、例えば災害に関連する事業や建築土木等の公共事業など、将来世代および将来の住民においてもサービスの享受がなされ、経費の負担が妥当であると考えられる場合においては、発行が可能となる仕組みである。したがって、地方債により集めた資金は、歳出においては投資的経費の一定部分に当てられる仕組みとなっている。ただし地方財政法第5条但し書きによらず、別の規定にもとづき発行される地方債もある。これについては後述する。

　また地方債は、その発行形式により有価証券の形をとるため、金融商品取引法の範疇ともなる[5]。金融商品取引法上は、2条1項2号に「地方債証券」と規定されており、また地方債は同法第3章が適用され、開示規制適用対象外である。

(2) 地方債の資金区分による分類

　地方債は発行対象の資金区分により、いくつかに分類できる。まず、その資金調達先が国内資金であるのか、国外資金であるのかによって大別される。さらに国内資金は、公的資金、民間等資金の大きく2種類に分けられる[6]。図表9はその分類を示したものである。

　公的資金は財政融資資金と、地方公共団体金融機構資金に分けられる。このうち財政融資資金は、財政投融資計画に地方公共団体向けの財政融資として計

5）　ただし銀行引受の地方債は、証券発行ではなく証書借入れによる調達もある。
6）　国内資金には公的資金、民間投資金の他に、特定資金として国の予算等貸付金があるが、金額は比較的少なく、地方債計画においても外書であるため、省略する。

図表9　地方債の資金区分による分類

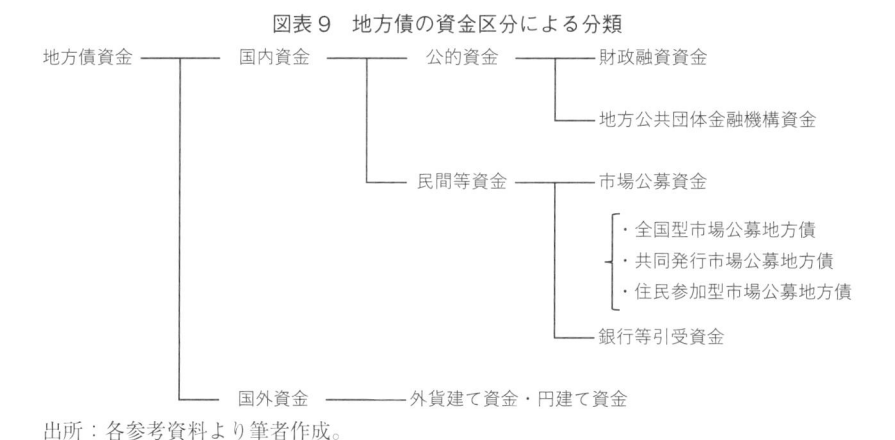

出所：各参考資料より筆者作成。

上される。また地方公共団体金融機構資金は、地方債資金のうち、地方公共団体金融機構が貸し付ける資金である[7]。

　民間等資金はその出し手から、広く市場より資金を公募する市場公募資金と、金融機関等から借り入れる銀行等引受資金に分けられる。市場公募による地方債には3種類、広く投資家向けに公募により発行される全国型市場公募地方債、また全国型市場公募地方債を発行する地方公共団体の一部が連帯債務方式により発行する共同発行市場公募地方債、そして地域住民等を対象として発行される住民参加型市場公募地方債がある。

(3)　地方債発行制度の変遷

　地方債は、発行にあたって一定の手続きを経る制度が取られている。

7）　地方公共団体金融機構は、地方公共団体に対して長期かつ低利の資金を融通するとともに、地方公共団体の資本市場からの資金調達に関して支援を行うことにより、地方公共団体の財政の健全な運営及び住民の福祉の増進に寄与することを目的として、全ての地方公共団体からの出資を受けて平成20（2008）年度に設立された地方共同の金融機構である。

図表 10　地方債発行制度の変遷

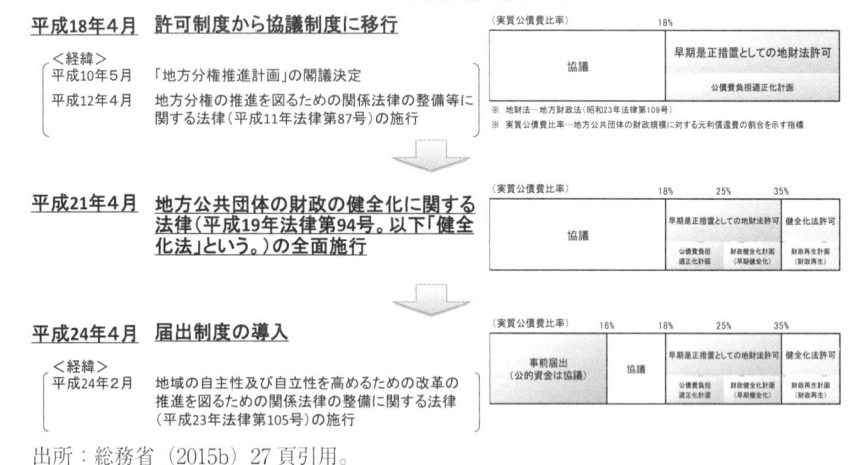

出所：総務省（2015b）27 頁引用。

　わが国の地方債の発行制度はこれまで 3 つの段階を経てきた。1 つは平成 17 年（2005 年）までの許可制度、次に平成 18 年（2006 年）に導入された協議制度、そして平成 24 年（2012 年）に導入された事前届出制度である。

①第 1 段階：許可制度

　地方債の発行については、第 2 次世界対戦前より許可制度がとられていた。許可制度とは、地方債の発行を原則禁止した上で、一定の条件を満たした場合に中央政府が許可することにより発行できる制度である[8]。

　昭和 20 年から 30 年にかけて、地方財政は財源が不足し深刻な状態に陥っており、地方債の発行が必要であった。しかし発行団体の財政状況や起債額によっては、財政の健全性のためにも起債を制限しなくてはならない場合も生じる。この状況から、昭和 22（1947）年に地方自治法第 226 号 3 項で「普通地方公共団体は、地方債を起こすについては所管の行政庁の許可を必要としな

8）　以下、許可制については神野・小西（2014）157 〜 158 頁を参照した。

い」[9] と自由起債の原則を認めつつも、地方自治法250条で「当分の間、政令の定むるところにより、地方財政委員会又は都道府県知事の許可を受けなければならない」[10] と規定し、許可制を存続させた。

　この許可制の目的は、許可を得た地方債の元利償還について、地方財政計画を通じて中央政府が財源保証をすることで地方債に信用を付与すること、また地方債許可制度を通じて地方債を引き受ける政府資金を管理すること、許可制による資金配分を通じて必要な資金を効率的に配分すること、等が挙げられる。すなわち、地方公共団体の財政状況を見ながら、地方債発行を中央政府がコントロールする仕組みが取られてきたのである。

②第2段階：協議制の導入

　こうした許可制はしかし、日本経済の発展に伴い徐々に手続きが簡素化されてきた。平成2（1990）年度には、地方債の許可予定額の決定が一件ごとの審査ではなく発行枠の配分に変更された。さらに平成12（2000）年度に施行された「地方分権の推進を図るための関係法律の整備等に関する法律（地方分権一括法）」により事前協議制が導入され、地方債の発行は許可制度と協議制度の2本立てとなった。

　協議制は、地方債の起債を原則禁止から条件によって自由化するものである。一定の条件を満たした地方公共団体は、地方債の起債に関して、総務大臣あるいは都道府県知事と協議し同意を得ることで、公的資金による借り入れが可能となり、また元利償還は地方財政計画に組み入れて財源保障される仕組みである[11]。下記の条件、

・赤字額が一定額（標準財政規模に応じて、標準財政規模の2.5%～10%）以

---

9)　神野・小西（2014）157頁引用。

10)　神野・小西（2014）157頁引用。

11)　同意が得られなくても、団体は条件付きで地方債を発行できる。この場合は地方議会に報告し発行する。ただし同意基準が広いため、現在において実例はない。

上の地方公共団体

・実質公債費比率が18％以上の地方公共団体

・元利償還金の支払について遅延のある地方公共団体等

・普通税の税率が標準税率未満の地方公共団体

に当てはまる地方公共団体は地方債の発行に際して許可制を取らねばならない
が、その他の団体は協議制を採ることが可能となった。

　また平成21（2009）年の財政健全化法施行により、さらに財政再生基準、
具体的には、実質赤字比率が5％（市区町村は20％）、連結実質赤字比率が
15％（市区町村は30％）、実質公債費比率が35％を超える地方公共団体が許可
制をとることとなった。

　こうした協議制の導入は、地方再発行における地方公共団体の自主性を高め
ることとなる。

③第3段階：届出制の導入

　地方再発行制度は、地方公共団体の財政健全性の度合いに応じて、さらに自
由化が進んだ。平成24年2月に地域の自主性及び自立性を高めるための改革
の推進を図るための関係法律の整備に関する法律が施行されたことを受け、同
年4月には届出制が導入された。

　届出制とは、一定の要件を満たす地方公共団体が地方債を発行する場合に、
原則として協議を不要とし、事前に届出を行うことにより発行を可能とする制
度である。

　協議不要の団体としては、

・実質公債費比率が16％未満であること

・実質赤字額が0であること

・連結実質赤字比率が0であること

・将来負担比率が都道府県及び政令指定都市にあっては300％以下、一般市区
町村にあっては200％以下であること

図表 11　地方債発行制度の概要

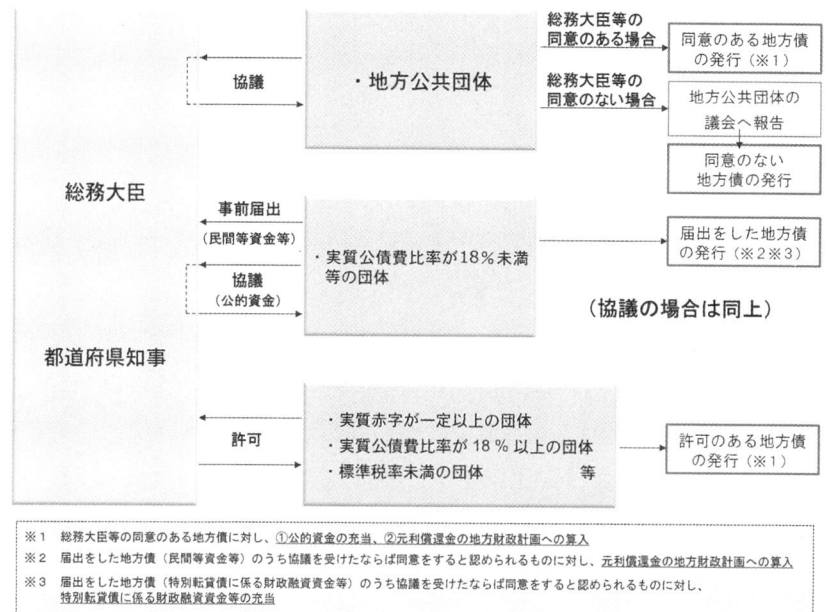

出所：地方債協会ウェブサイトより引用。

・地方公共団体が起こす当該年度の地方債のうち協議等をしたものの合計額
（臨時財政対策債等の総務省令で定める地方債のうち協議等をしたものの合計
額を除く）が標準財政規模及び公営企業の事業の規模の合算額の当該年度前 3
年度平均の 25％以下であること

以上の条件を満たすものとされている[12]。

　届出制は財政状況が良好であれば、原則協議を不要とし、事前に届出ること
により発行を自由化する制度である。届出を行えば総務大臣等との協議・同意
を待つことなく地方債を発行できるため、金利の状況などを含めた市場動向に
応じて機動的な資金調達が可能となり、手続きの負担も軽減され、地方債の発

12)　以上協議制度および届出制度に関しては、総務省（2015a）および（2015b）を参照
　　した。

	都道府県	指定都市	市区町村	合計
競技不要団体	34/47	19/20	1,616/1,721	1,669/1,788
うち届出実施団体数	22/34	14/19	261/1,616	297/1,669

出所：地方債協会ウェブサイトより筆者作成。

行における地方公共団体の自主性および自立性を高める制度となっている。

　また、これら届出がなされた自治体のうち、協議を受けたならば同意することとなると認められるものに関しては、協議において同意を得た地方債と同様、元利償還金について地方財政計画や地方交付税制度を通じた財源保障が行われる仕組みである。

　以上の制度変遷を経て、地方債発行は条件により自由化されてきた。近年では、協議不要団体、また届出団体ともに図表 12 のとおりである。

(4) 地方債計画と地方財政計画

　地方債は発行にあたっては一定の手続きを経る制度が取られる一方で、政府は地方債計画を策定し、発行額を調整、把握している。地方債計画は、地方再発行額の見込みを国が計上し、地方財政計画とともに作成されるものである。

　図表 13 は平成 29 年度当初計画の地方財政計画と地方債計画の関係を示している。

　地方財政計画の歳入部分において、地方交付税や地方税とともに算出される地方債額は、地方債計画においては普通会計分に計上される。そしてこの普通会計分に公営企業会計等分を加えた額について、資金区分においていずれの資金から調達するのか計画される。

　ここで注目するは、資金区分が公的資金と民間資金に分けて把握されていることである。公的資金区分における財政融資資金分が、財政投融資計画における地方公共団体区分と整合され、公的資金の一部が確保される仕組みとなって

図表13

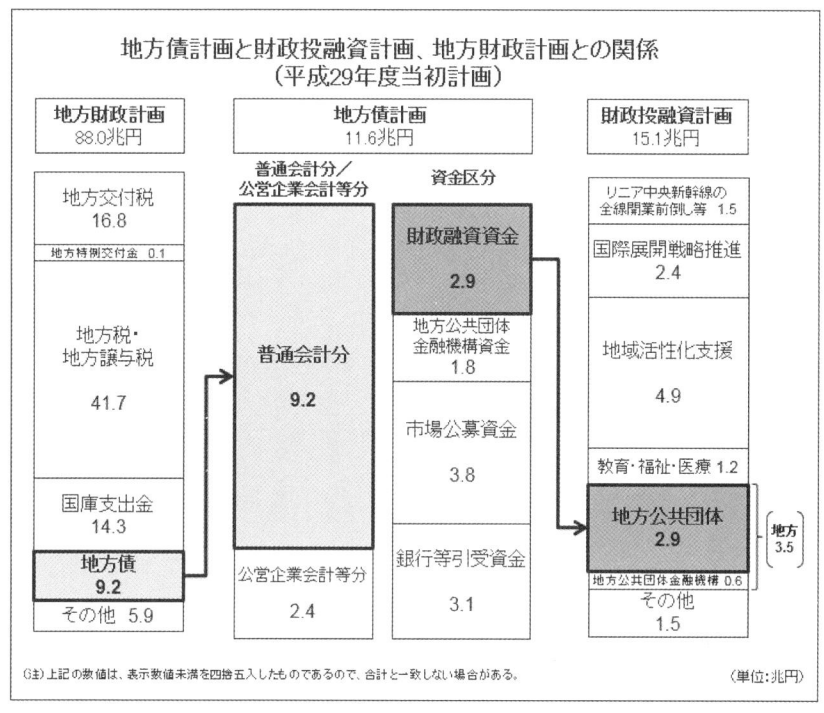

出所：財務省ウェブサイト、地方債制度の概要より引用。

いる 13)。

3. わが国の地方債市場

(1) 地方債市場の現状

　地方公共団体の歳入歳出の推移において確認したとおり、地方債の発行は歳入に占める比率としては近年横ばいの傾向にある。地方債による歳入とはすな

---

13)　地方債計画における地方債には、不同意債は含まれない。

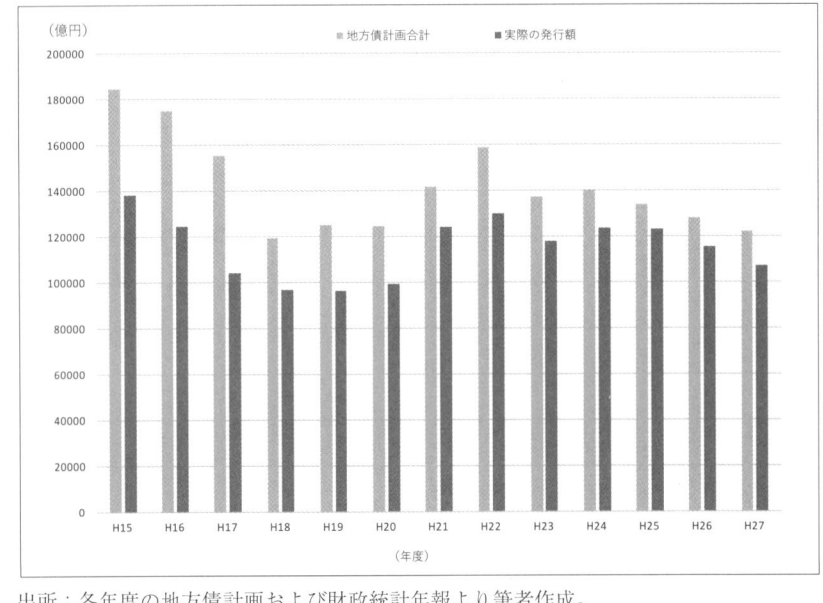

図表 14　地方債計画と発行額推移

出所：各年度の地方債計画および財政統計年報より筆者作成。

わち、当該年度に地方公共団体が地方債を発行して資金を調達した額である。

　図表 14 は地方債計画における地方再発行計画額と、実際の発行額の推移である。

　発行金額とその資金区分の内訳を確認すると、実際の発行額と計画額の乖離はあるが、概ね計画とおりの増減で推移しており、発行金額は減少していることが分かる。

　また地方債計画の資金区分から地方債発行市場を見ると、近年は公的資金からの調達が 4 割、民間資金からの調達が 6 割程度となっている。図表 15 はその内訳を示したものである。

　民間資金においては、平成 22（2010）年度頃までは銀行等引受のほうが若干多く 5 割強を占めていたが、市場公募資金の割合が徐々に増加し、近年では市場公募資金が約 6 割を占め、銀行等引受資金が約 4 割となっている。平成

図表 15　地方債計画における資金区分内訳推移

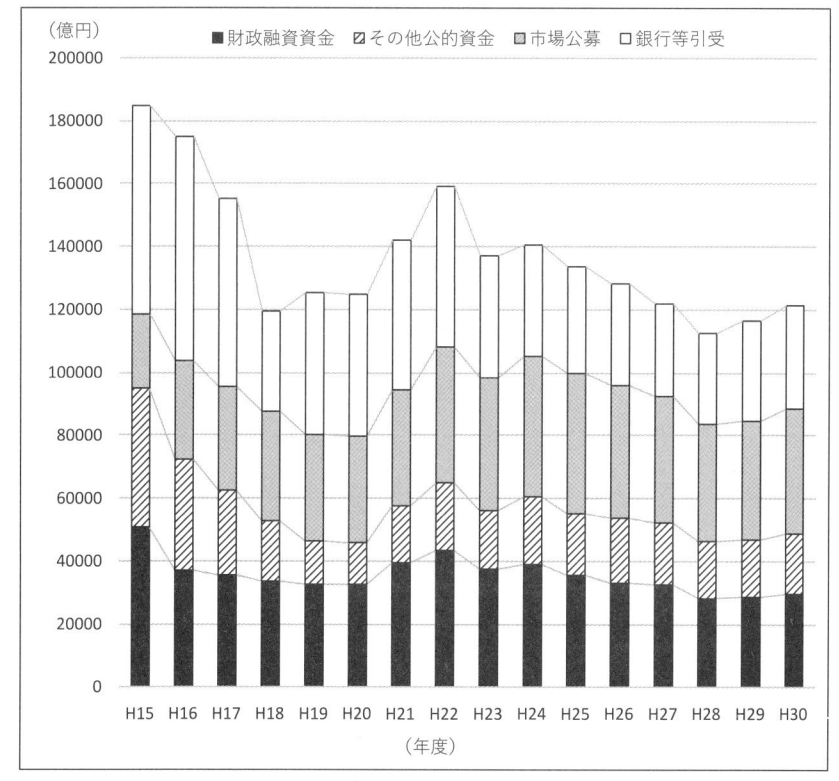

出所：総務省『地方債計画』各年度より筆者作成。

29 年 3 月末において、全国型市場公募地方債発行団体（発行を予定している
団体を含む）は 55 団体にのぼる[14]。

---

14)　55 団体は北海道、宮城県、秋田県、福島県、茨城県、栃木県、群馬県、埼玉県、千
　葉県、東京都、神奈川県、新潟県、福井県、山梨県、長野県、岐阜県、静岡県、愛知
　県、三重県、滋賀県、京都府、大阪府、兵庫県、奈良県、島根県、岡山県、広島県、徳
　島県、高知県、福岡県、佐賀県、長崎県、熊本県、大分県、鹿児島県、札幌市、仙台
　市、さいたま市、千葉市、横浜市、川崎市、相模原市、新潟市、静岡市、浜松市、名↗

図表 16　市場公募地方債・銀行等引受地方債の発行額の推移

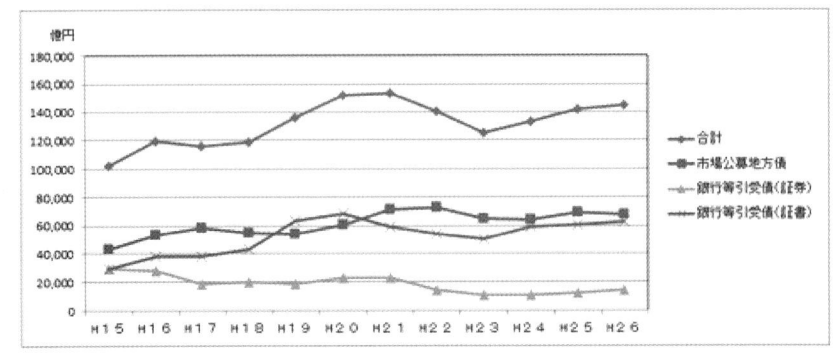

出所：地方債協会ウェブサイトより引用。

　一方、民間資金の実際の発行額の推移は図表16のとおりである。銀行引受においては証券よりも証書の方が多く、市場公募債と同等程度の額が発行されている。

(2) 赤字地方債の増加

　また地方債はその目的によって、いくつかの種類に分類される。

　地方財政統計年報より平成27（2015）年度の目的別地方債残高を見ると、地方債は公共事業、公営住宅建設、災害復旧や防災、教育・福祉施設等の整備、一般単独事業（地域の整備や活性化事業、防災対策その他で国の補助金を受けず地方公共団体が独自で行う事業）、辺地および過疎対策、行政改革推進、その他退職手当や財源対策、減収補填など、多岐に渡る目的のために発行されている。

　これを詳細に見ると、大きく地方債の発行目的は2つに分けることができる。1つは公共事業や復興等のために発行される地方債、そしてもう1つは、減税減収の補てん等のために発行される地方債である。

＼古屋市、京都市、大阪市、堺市、神戸市、岡山市、広島市、北九州市、福岡市、熊本市。

図表 17　平成 27（2015）年度目的別地方債残高

1. 公共事業等債	23,857,370,222	15. 退職手当債（〜平成 17 年度分）		101,330,832
2. 公営住宅建設事業債	3,087,519,784	16. 退職手当債（平成 18 年度分〜）		2,338,913,154
3. 災害復旧事業債	492,874,873	17. 国の予算貸付・政府関係機関貸付債		1,316,396,486
4. （旧）緊急防災・減災事業債	748,198,731	18. 地域改善対策特定事業債		1,845,128
5. 全国防災事業債	353,952,569	19. 財源対策債		1,925,615,569
6. 教育・福祉施設等整備事業債	6,710,674,214	20. 減収補填債（昭和 61・平成 5〜7・9〜27 年度分）		2,804,217,751
7. 一般単独事業債	37,429,771,923	21. 臨時財政特例債		15,442,926
8. 辺地対策事業債	237,805,133	22. 公共事業等臨時特例債		484,262
9. 過疎対策事業債	1,931,167,253	23. 減税補填債		2,698,179,230
10. 首都圏等整備事業債	275,090,612	24. 臨時税収補填債		237,719,681
11. 公共用地先行取得等事業債	609,514,340	25. 臨時財政対策債		50,666,696,811
12. 行政改革推進債	1,672,171,534	26. 調整債（昭和 60〜63 年度分）		42,019,357
13. 厚生福祉施設整備事業債	143,245,708	27. 減収補填債特例分（平成 14・19〜27 年度分）		1,848,439,315
14. 地域財政特例対策債	105,960	28. 都道府県貸付金		568,214,367
		29. その他		3,399,329,438
		合　　　計		145,514,307,163
		うち財源対策債等		13,473,780,541
		うち減収補填債		4,868,275,299

注：単位千円。
出所：総務省（2017c）平成 27 年度より筆者作成。

　地方債の発行は前述のとおり、地方財政法第 5 条但し書きにおいて規定されている目的、すなわち公営企業の経費、出資金・貸付金の財源、借換債の発行、災害応急と復旧、公共用および効用施設の建設事業と公共用および公用土地の取得購入、の 5 種類において発行が認められている。これら地方財政法第 5 条但し書きの規定を根拠として発行される地方債は、通称「建設地方債」と

図表 18　地方債残高および赤字地方債残高の推移

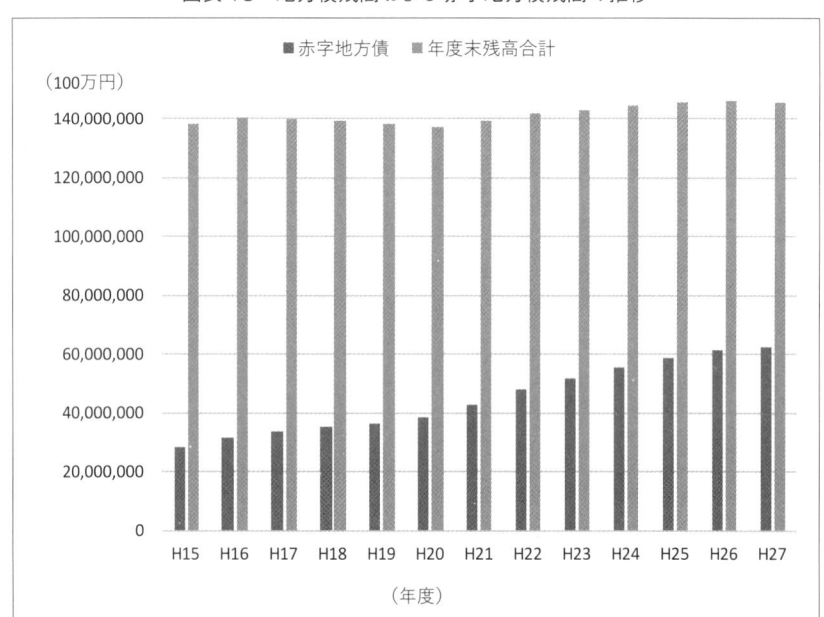

呼ばれている。しかし、地方財政法第 5 条但し書きの規定以外の特例的な法令
等にもとづき発行される地方債もある。これらは主に財政的側面にあって何ら
かの歳入不足を補填するために発行される、いわゆる「赤字地方債」である。

　この赤字地方債に注目し、地方債の発行残高合計との推移を確認すると、図
表 18 のようになる。

　地方債全体の残高は横ばいであるのに対し、赤字地方債の残高は増加してい
ることが分かる。

　また赤字地方債の残高内訳は図表 19 のとおりとなる。

　内訳を見ると、赤字地方債の中でも特に臨時財政対策債の増加が著しい。平

図表19　赤字地方債の内訳

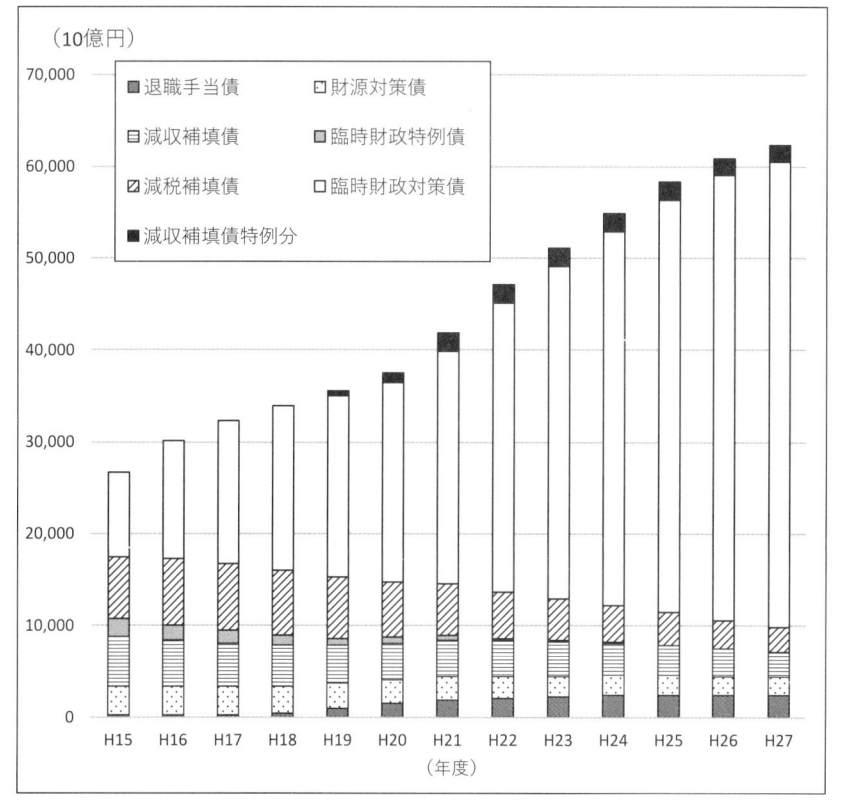

出所：総務省（2017c）各年度より筆者作成。

　成15（2003）年度において約9兆円程度の残高である臨時財政対策債は、平成27（2015）年度には約50兆円までに増加している。

　臨時財政対策債は平成13（2001）年度に、地方財政対策の見直しを行う際、国と地方の責任の明確化や国、地方を通ずる財政の透明化を図るため、地方交付税不足額を国と地方で折半し、地方分について各団体で地方債を発行して補填することとして、発行が可能となった地方債である。発行の根拠としては、地方財政法第5条の特例として地方財政法第33条5の2に依拠しており、現

在では平成 28 年度までの措置とされている[15]。

　地方債といっても、臨時財政対策債は他の一般的な地方債とは異なる特徴がある[16]。まず臨時財政対策債の発行可能額は、地方交付税の不足に対する措置として、地方財政計画において国が決定している。また発行して調達した資金使途に制限が無い。さらに、その元利償還金については、全て次年度以降の地方交付税において国からの補塡を受けられる仕組みとなっている。過去の臨時財政対策債の元利償還金の財源として、新たな臨時財政対策債が発行可能額に割り当てられる方式となっている。したがって臨時財政対策債は地方交付税の「分割・後払い」に近いとみなされている。

4.　地方債の信用評価と格付

(1)　地方債の信用力

　これまで見てきたように、地方債の発行は総額として安定的に推移している。また残高もほぼ横ばいであり、着実に償還が進んでいることがわかる。発行が増加している赤字地方債、中でも臨時財政対策債においては、償還財源は国により補塡されている。

　さらに、地方債の発行は発行体である地方公共団体の実質公債費率に合わせて、許可制、協議制、届出制が取られており、実質公債費率が高い、すなわち財政状態が比較的悪い団体には自由な発行が認められていない。

　こうした制度を背景に、地方債の信用力は非常に高いとされている。総務省によれば地方債は、元利償還に必要な財源を国が保証している点、また個々の地方公共団体が元利償還に支障をきたすことのないように発行を事前に制限す

---

15)　ただし、「平成 29 年度地方債計画」（平成 28 年 12 月 22 日公表）、「平成 30 年度地方債計画」（平成 29 年 8 月 31 日公表）においても、臨時財政対策債がそれぞれ平成 29 年度に 4 兆 452 億円、平成 30 年度に 4 兆 5674 億円が計上されている。

16)　以下、臨時財政対策債の特徴については、石川（2015）、1 〜 4 ページを参照。

図表 20　地方債の安全性

1 地方債の元利償還に要する財源の確保→地方債の元利償還に必要な財源を国が保障 　○自らの課税権に基づいて地方税収入を確保 　○地方財政計画の歳出に公債費（地方債の元利償還金）を計上 　○公債費を含めた歳出総額と歳入総額が均衡するよう地方交付税の総額を確保 　○地方交付税の算定において、標準的な財政需要額（基準財政需要額）に地方債の元 　　利償還金の一部を算入
2 早期是正措置としての起債許可制度→個々の地方公共団体が地方債の元利償還に支障 　　　　　　　　　　　　　　　　　を来さないよう地方債の発行を事前に制限 　○実質公債費比率が 18％以上の地方公共団体に対する起債制限 　○赤字団体への起債制限
3 「地方公共団体の財政の健全化に関する法律」の施行 　○財政指標の公表による情報開示の徹底 　○財政指標が早期健全化基準以上となった団体について自主的な改善努力に基づく財 　　政健全化 　○財政指標が財政再生基準以上となった団体について国等が関与した財政再生

出所：総務省ウェブサイトより筆者作成。

る制度を取っている点、健全化法の施行、の３つの仕組みのもと確実に償還される。ため、BIS 規制の標準的な手法におけるリスクウェイトは 0％であるとされている。すなわち地方債は、デフォルトしない債券と見なされている。

(2) 地方公共団体と地方債の信用評価

　以上の通り、地方債は政府から、リスクのない債券であるとのお墨付きを得ているが、一方で地方債の信用リスクを評価する機関も存在する。債券の信用リスクを評価する機関とは、信用格付会社である。

　信用格付とは、個別債券や発行体のデフォルトの可能性、すなわち信用力を評価し、記号を用いてランク付けしたものである。

　現在わが国では主に５社の格付会社が格付を行っている。そのうち地方公共団体に格付を付与しているのは、日本の格付会社として日本格付投資情報センター（R&I）、日本格付研究所（JCR）、また米国系の格付会社として Moody's Investors Service（Moody's）、Standard and Poor's（S&P）の４社がある。

図表21は、各社が現在公表している地方自治体の格付である。

　各社それぞれの地方公共団体への格付をみると、それぞれにおいて付与する格付は異なるが、JCR、Moody's、S&Pの3社は各地方公共団体に付与している格が全て同ランクであり、かつ日本国のソブリン格付と同等である[17]。一方、R&Iの格付には、地方公共団体間で1ノッチの格付差が見られる。

　さらに、図表22は地方公共団体の格付について、2009年時点と2015年時点の差を示したものである。

　2009年と2015年の格付を比較して見ると、R&Iにおいては、格付は変化がないかもしくは一部上昇している一方で、Moody'sとS&Pはすべて格下げされている。

図表21　格付会社別地方自治体の長期発行体格付

	R&I	JCR	Moody's	S&P
愛知県	AA+	AAA		A+
岡山県	AA+			
埼玉県	AA+			
佐賀県	AA			
静岡県	AA+		A1	
徳島県	AA			
栃木県	AA+			
奈良県	AA			
福井県	AA			
福岡県			A1	
広島県			A1	
宮城県	AA			
神戸市	AA+			
千葉市	AA			
福岡市			A1	
浜松市			A1	
京都市			A1	
名古屋市			A1	
新潟県			A1	
大阪市			A1	A+
堺市			A1	
札幌市			A1	
静岡市			A1	
横浜市			A1	
東京都				A+
日本	AA+	AAA	A1	A+

注：2017年8月31日付け。
出所：格付会社各社資料より筆者作成。

これらの格下げ理由は、日本のソブリン格付が2009年から2015年の間に格下げされていることによるカントリー・シーリングであろう。また全て同一の格であるということから、米国系格付会社から見ると日本の地方公共団体間に信

---

17)　ソブリンとは一般的に中央政府を指す。すなわちソブリン格付とは当該国政府の格付を意味する。

図表 22　地方債格付けの推移

	R&I		Moody's		S&P	
	2009 年	2015 年	2009 年	2015 年	2009 年	2015 年
愛知県	AA+	AA+			AA	A+
横浜市					AA-	
岡山県	AA	AA				
宮城県		AA				
京都市			Aa1	A1	A+	
広島県			Aa1	A1		
佐賀県		AA				
堺市			Aa1	A1		
埼玉県	AA+	AA+				
札幌市			Aa1	A1		
新潟県			Aa1	A1		
新潟市					AA-	
神戸市	AA	AA+				
静岡県	AA+	AA+	Aa1	A1		
静岡市			Aa1	A1		
千葉市		AA			A+	
大阪市			Aa1	A1	AA-	A+
東京都			Aa1		AA	A+
徳島県	AA	AA				
栃木県	AA+	AA+				
浜松市			Aa1	A1		
福井県		AA				
福岡県			Aa1	A1		
福岡市			Aa1	A1		
名古屋市			Aa1	A1		
宮崎市					A	
日本	AAA	AA+	Aa2	A1	AA	A+

注：2009 年 6 月 30 日現在、および 2015 年 10 月 1 日現在。
出所：田村（2009）および各格付会社資料より筆者作成。

用力の差はないと見なされていることが分かる[18]。さらに、S&P は 2009 年に

---

18)　カントリー・シーリング（カントリー・リスク・シーリング）とは、一国内で付与
　　される信用格付は、その国の格付と同水準かそれよりも低くなる、という考えのもと、
　　発行体に付与する格付の上限を示すものであり、すなわちソブリン格付が基本的には当
　　該国の格付の上限となる考え方である。

図表 23　Moody's の地方公共団体格付手法

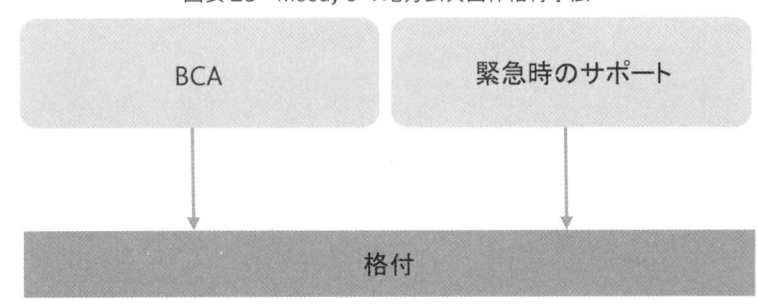

は自治体にある程度の信用力格差を表明していたが、財政健全化法施行後の2015 年においては、その差異も消滅している。

　一方 R&I の地方公共団体の信用格付は、2009 年の時点でも最大で 1 ノッチの差がある。

　総務省の見解のとおりであれば、全ての地方債はリスクゼロであるはずだ。では、なぜ R&I の格付には差があるのか。そこで、代表的に Moody's と R&I の格付手法を確認したい。

　Moody's の地方政府に対する格付手法においては、地方政府の信用力は「2つの主要要因、すなわち、政府のベースライン信用リスク評価（BCA）と、深刻な流動性ストレスが生じた場合に他者からの緊急時のサポートを受ける可能性により決定される」とある[19]。

　第 1 段階で評価するベースライン信用リスク評価とは、中央政府からの緊急時のサポートを考慮しない、地域・地方政府固有の信用力についての評価である。地域経済のファンダメンタルズや制度の枠組み、財政実績と債務状態、行財政運営の状況の 4 つの要因をスコア化して評価した上で、市場におけるシステミック・リスクやそのたの特殊要因を考慮し、ベースライン信用リスク評価

---

19)　Moody's（2016）、1 ページを引用。

図表 24　R&I の地方公共団体格付手法

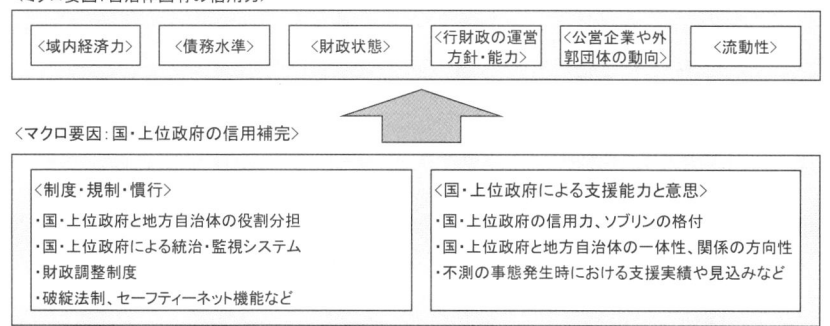

出所：日本格付投資情報センター（2016）1 頁図引用。

　を決定する。そして第 2 段階として、深刻な流動性のストレスが生じた場合に上位政府、すなわち国から得られる緊急時のサポートの可能性を評価し、これを織り込んで決定する方法である[20]。

　一方、R&I の地方自治体の格付手法は、1）制度や規制、慣行など自治体運営に係る枠組み、2）所在国の自治体に対する支援能力（信用力）と意思、3）経済力や財政状況など自治体固有の信用力、の 3 つを総合的に判断し評価する方法をとる。1）と 2）については主に一国の自治体に共通するマクロ要因であり、マクロ要因の評価で、当該国における自治体の格付レンジがおおむね決まるとしている。3）は自治体固有の信用力であり、域内経済力、債務水準、財政状態、行財政の運営方針・能力、公営企業や外郭団体の動向、流動性から分析される。そしてこれら 3 つの要素を総合的に判断して、格付を決定する手法である[21]。

　ここで、R&I の格差についての要因を 1 つ挙げるならば、R&I の格付手法に述べられているとおり、「日本政府と自治体の関係やマクロ・ミクロベース

20）　以上、Moody's（2016）を参照。

21）　以上、日本格付投資情報センター（2016）を参照。

での財源保障は強固だと R&I は捉えているが、国と地方の関係は徐々に離れていくことを見込んでいる。日本政府の財政状況が厳しさを増す中にあっては、自治体に対しても一定の自立運営を促す可能性が高い。格付に狭い範囲で差をつけているのは政府による一連の改革の結果、自治体の行財政運営の自主性が徐々に高まり、信用力にも差がつく方向にあることを織り込んでいるため」、という点であろう[22]。

(3) 地方公共団体の信用と地方債格付け

　一般的に、債券の信用力の差は、格付の他にも金利や市場におけるクレジット・スプレッドにも表される。

　図表 25 は、地方債表面金利の対国債スプレッドである。これを見ると、地方債の表面金利は必ずしもその発行体格付の高低と関連があるとは言えない[23]。

　一方、利回りのスプレッドを確認しよう。地方債のクレジット・スプレッドの決定要因は、江夏（2009）によれば、信用リスク・プレミアム（デフォルト可能性、デフォルト時の回収率）、流動性プレミアム（売買回転率）、その他プレミアム（制度面における先行きの不透明さ、報道に対する市場の反応傾向、いわゆるヘッドライン・リスク）などが挙げられている[24]。2007 年から 2008 年にかけては、サブプライム・ローン問題等による信用収縮に伴い、クレジット・スプレッドが全般的に拡大する傾向が見られるとある[25]。2008 年 4 月時点においては、東京都債と大阪府債でおおよそ 15 ベーシス程度、また東京都債

---

22)　日本格付投資情報センター（2016）、4 頁を引用。

23)　ただしこの点については、地方債が私募債に近い側面があることから、金利の決定は信用力に即したものではなく、引受先によっては恣意的である、との見方もある。

24)　江夏（2009）148 頁〜 153 頁を参照。

25)　江夏（2009）156 〜 157 頁を参照。

図表 25　公募地方債表面金利対国債スプレッド

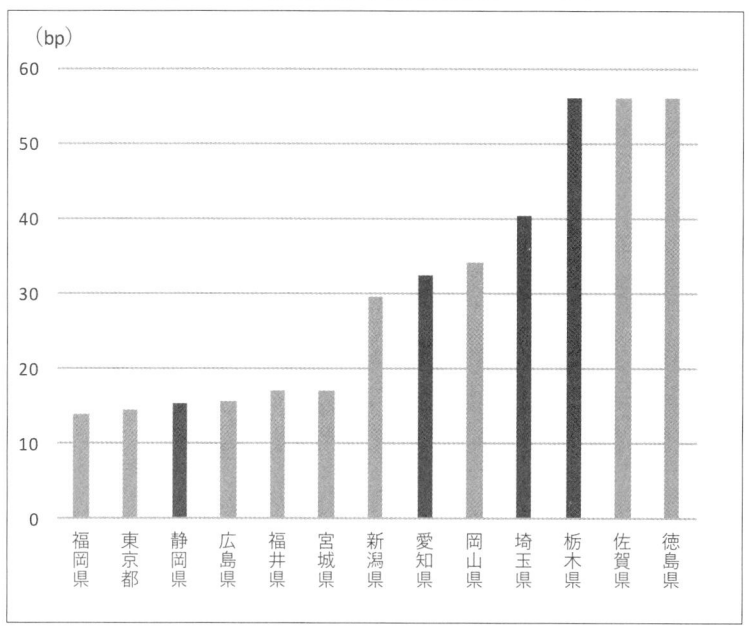

注1：2016 年 9 月 30 日現在
注2：R&I の地方自治体格付において、愛知県、埼玉県、静岡県、栃木県は
　　　AA ＋、その他は AA を取得している。
出所：JSprice より残存 10 年程度のものから筆者作成。

図表 26　平成 24 年度以降の市場公募地方債および政府保証債（10 年債）の対国債利
　　　　回り格差の推移

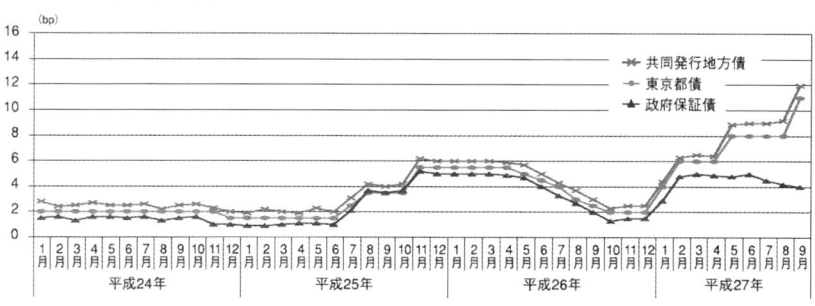

出所：地方債協会ウェブサイトより引用。

と共同発行債では3ベーシスほどの差がある[26]。

　しかし近年においては、東京都債と共同発行債で1ベーシスほどの差となっており、また東京都債および共同発行債と、政府保証債では、平成27年に入り格差が開くまではほぼ同じスプレッドの動向となっている。

5. 小括

　わが国の地方公共団体が発行する地方債は、その発行量、残高ともに近年安定的に推移している。また発行制度の変更により地方債発行基準が明確化し、健全化法とともに地方債の安全性が担保され、また日本の地方債にデフォルトはないとみなされる状態が続いていることにより、信用力を示す格付には差がほとんど見られなくなった。

　そして、近年増加している赤字地方債、特に臨時財政対策債についても、償還財源が国により補填される仕組みであることから、安全性が高いものとされている。ただし、石川（2010）は、臨時財政対策債の元利償還金はその相当額が後の年度の基準財政需要額に参入されるが、しかしこれは償還時に国が直接弁済するわけではないため、地方公共団体が慎重に資金管理を行わねばならない点、また基準財政需要額への参入は長い年数をかけて分割実施されるため、仮に地方交付税が不交付団体になった年度においては資金補填の効果が生じないことを考慮しなければならない点、また臨時財政対策の発行が増加し続けていることについて、そもそも税収の水準が低すぎる点、などを指摘している[27]。

　地方公共団体の信用力を見ると、R&Iは格付に若干の差をつけている。この点においては、例えば米国などでは地方公共団体の破産が存在し、地方債のデフォルト等が発生している。こうした事例を比較し分析することが、今後の

---

26)　江夏（2009）156頁図表4を参照。

27)　石川（2010）20頁参照。

地方公共団体の信用を分析する上で、必要となる課題であろう。

参考文献

江夏あかね（2009）『地方債の格付けとクレジット』、商事法務。

神野直彦、小西砂千夫（2011）『市場と向き合う地方債』、有斐閣。

神野直彦、小西砂千夫（2014）『日本の地方財政』、有斐閣。

石川達哉（2010）「急増する赤字地方債と地方交付税制度－赤字地方再発行の動向とその背景－」基礎研 Research Paper、5 月 19 日。

石川達哉（2015）「地方交付税とは似て非なる臨時財政対策債の本質」ニッセイ基礎研レポート、11 月 6 日。

田村香月子（2010）「格付けによる地方債の評価」『年報経営分析研究』第 26 号、39 頁～46 頁、日本経営分析学会。

総務省（2014）「地方債の総合的な管理について」平成 21 年 4 月 14 日、改正平成 26 年 4 月 1 日、http://www.soumu.go.jp/main_content/000372673.pdf。

総務省（2015a）「地方財政の健全化及び地方債制度の見直しに関する研究会報告書」12 月、http://www.soumu.go.jp/main_content/000388459.pdf。

総務省（2015b）「地方財政の健全化及び地方債制度の見直しに関する研究会報告書　参考資料」12 月、http://www.soumu.go.jp/main_content/000388458.pdf。

総務省（2016）「平成 28 年度地方債証券のあらまし」http://www.soumu.go.jp/main_content/000444675.pdf。

総務省（2017a）「地方財政の果たす役割」地方財政関係資料、http://www.soumu.go.jp/main_content/000474589.pdf。

総務省（2017b）「地方財政の状況」3 月、http://www.soumu.go.jp/main_content/000472872.pdf。

総務省（2017c）「地方財政統計年表」平成 15 年度～平成 27 年度、http://www.soumu.go.jp/iken/zaisei/toukei.html。

総務省『地方財政白書』各年度版。

日本格付投資情報センター（2016）「地方自治体の格付の考え方」3 月 10 日、https://www.r-i.co.jp/methodology_basic/2016/03/methodology_basic_20160310_jpn.pdf。

Moody's Investors Service（2016）「地域・地方政府のグローバル格付手法」6 月 29 日、https://www.moodys.com/sites/products/ProductAttachments/MoodysJapan/196256.pdf。

財務省ウェブサイト、地方債制度の概要、http://www.mof.go.jp/filp/summary/filp_

local/tihousaiseidonogaiyou.htm（2017 年 8 月 30 日最終閲覧）。

地方債協会ウェブサイト、http://www.chihousai.or.jp/index.php（2017 年 8 月 30 日最終閲覧）。

執筆者紹介

柴　健次（しば　けんじ）
関西大学大学院会計研究科教授、経済・政治研究所研究員、博士（商学）。昭和53年大阪府立大学経済学部卒業、昭和55年神戸商科大学大学院経営学研究科修了、昭和57年同博士後期課程中途退学。昭和57年大阪府立大学経済学部助手、講師、助教授を経て平成7年教授。平成8年関西大学商学部教授、平成18年から現職。この間、平成5年と平成13年にロンドン大学LSEで、平成13年と平成24年にスペインのアルカラ大学で研究。主著に『市場化の会計学』（中央経済社）、『公共経営の変容と会計学の機能』（同文舘出版）など。現在、政府会計学会会長、日本ディスクロージャー研究学会名誉会長、日本会計教育学会前会長。

林　宏昭（はやし　ひろあき）
関西大学経済学部教授、経済・政治研究所研究員、博士（経済学）。昭和56年関西大学経済学部卒業、昭和62年関西学院大学博士後期課程単位取得退学、四日市大学経済学部専任講師、同助教授、帝塚山大学助教授、関西大学経済学部助教授、平成11年より現職。平成17年UCバークレイにて研究。
平成21年度から総務省個人住民税研究会（検討会）座長、平成25年度から奈良県税制調査会座長、等。主著、『租税政策の計量分析　家計間・地域間の負担配分』（日本評論社、日税研特別賞）、『分権社会の地方財政』（中央経済社）、『どう臨む、財政危機下の税制改革』（清文社）、『税と格差社会』（日本経済新聞出版社）等。

松尾　貴巳（まつお　たかみ）
神戸大学大学院経営学研究科教授、博士（経営学）、関西大学経済・政治研究所委嘱研究員。平成3年大阪府立大学大学院経済学研究科博士前期課程修了、同年、三菱総合研究所入社。平成10年大阪府立大学経済学部助教授を経て、平成16年神戸大学経営学部助教授、平成23年から現職。この間、平成20年にヨーテボリ大学（スウェーデン）、サラゴサ大学（スペイン）で研究。現在、日本原価計算研究学会副会長、政府会計学会副会長、日本会計研究学会理事、日本管理会計学会理事。

馬場　英朗（ばば　ひであき）
関西大学商学部教授、大阪大学博士（国際公共政策）、公認会計士。監査法人に勤務後、愛知学泉大学准教授を経て平成25年に関西大学准教授、平成28年から現職。著書に『非営利組織のソーシャル・アカウンティング』（日本評論社、日本NPO学会林雄二郎賞・国際公会計学会（図書部門）学会賞）、『入門 公会計のしくみ』（中央経済社）など。

田村　香月子（たむら　かづこ）
関西大学商学部准教授、経済・政治研究所研究員、博士（経営学）。平成10年大阪市立大学商学部卒業、平成12年大阪市立大学大学院経営学研究科前期博士課程修了、平成15年同後期博士課程修了。平成17年関西大学専任講師を経て平成21年から現職。平成23年英国ウエストミンスター大学にて研究。

関西大学経済・政治研究所研究双書 第168冊

財政の健全化と公会計改革

2018（平成30）年 3 月20日　発行

編　著　者　　柴　　　　健　　次

発　行　者　　関 西 大 学 経 済・政 治 研 究 所
　　　　　　　〒564-8680　大阪府吹田市山手町 3 丁目 3 番35号

発　行　所　　関　西　大　学　出　版　部
　　　　　　　〒564-8680　大阪府吹田市山手町 3 丁目 3 番35号

印　刷　所　　協 和 印 刷 株 式 会 社
　　　　　　　〒615-0052　京都市右京区西院清水町 13

ISBN978-4-87354-671-1　C3033　　落丁・乱丁はお取替えいたします。

Economic & Political Studies Series No.168

Financial Stability and Accounting Reform of Japanese Local Government

CONTENTS

The Institute of Economic and Political Studies

KANSAI UNIVERSITY